*Eberhard Gothein*

# Die badischen Markgrafschaften im 16. Jahrhundert

EHV
HISTORY

*Eberhard Gothein*

**Die badischen Markgrafschaften im 16. Jahrhundert**

*ISBN/EAN: 9783955642150*

*Auflage: 1*

*Erscheinungsjahr: 2013*

*Erscheinungsort: Bremen, Deutschland*

EHV
HISTORY

# Neujahrsblätter

der

## Badischen Historischen Kommission

Neue Folge 13

1910

# Die badischen Markgrafschaften im 16. Jahrhundert

Von

## Eberhard Gothein

Heidelberg 1910

Carl Winter's Universitätsbuchhandlung.

Verlags-Nr. 406.

# Inhalt.

# I.

## Das Land und die Fürsten.

Wir dürfen einen Territorialstaat des 16. Jahrhunderts, wie es die badische Markgrafschaft war, nicht mit dem Maße unsrer Staaten messen: es fehlt ihm noch jede andre Einheit, als die durch die Person des Landesherrn gegeben ist. Zwar möchte es anders scheinen, wenn man die rege Tätigkeit der Verwaltung betrachtet, die die einzelnen Landesteile gleichmäßig erfaßt, wenn wir sogar wohlüberlegte Versuche gemeinsamer Gesetzgebung beobachten; aber diese Verwaltung geht aus von der „fürstlichen Dienerschaft", die nur ein persönliches Band an ihren Herrn knüpft; diese Gesetz- gebung ordnet entweder Bedürfnisse, die überall die gleichen sind, ohne gemeinsam zu sein, oder es ist wiederum der Fürst, der sich über die Ortsgewohnheiten, die man zuvor vergeblich auszugleichen versucht hat, ohne noch Widerspruch zu finden, hinwegsetzt: ihr Ge- lingen ist weit mehr ein Zeichen der Gleichgültigkeit als eines Ge- fühles der Zusammengehörigkeit bei den Untertanen der einzelnen Landesteile.

Anders ist es, wo eine landständische Vertretung mit be- deutsamen Rechten neben den Fürsten tritt. Mit ihren Interessen scheint sie zwar denen des Landesherrn und seiner Verwaltung meistens entgegengesetzt, und in Territorien, wo sie überwuchert, hat sie wirklich die staatlich=einheitliche Entwicklung hintangehalten; aber wo sie nicht in der Lage ist, nur die Rechte und Vorrechte ihrer einzelnen Mitglieder zu verfechten und zu erweitern, dient sie vor allem, das Bewußtsein einer Einheit wachzurufen oder zu stärken, das dem lockeren Zusammenhang, den die Beziehung zu einem gemeinsamen Herrn gab, nicht entspringen konnte.

So ist das alte Württemberg durch ein Zusammenwirken des Fürsten und seiner Verwaltung auf der einen Seite, der Landstände auf der andern zu einem wirklichen Staat geworden, der von einer lebhaften Staatsgesinnung seiner Bürger getragen wurde, mochte auch dieses Zusammenwirken recht oft sich in Zusammenstößen äußern. Die badische Markgrafschaft, auch wenn ihre Teile dauernd vereinigt geblieben wären, hätte dazu nicht gelangen können. Wohl hat es auch hier an einer immerhin reichen, nur zu vielgestaltigen Entwicklung landständischer Ausschüsse nicht gefehlt, aber über Anläufe, zu einer gemeinsamen Vertretung des ganzen Landes zu werden, ist es nicht gekommen; so diente selbst sie dazu, eher die Sonderart der einzelnen Landschaften zu kräftigen. Denn diese lagen weit zerstreut, während Altwürttemberg, wenigstens nach den Ansprüchen früherer Zeiten gemessen, ein wohlabgerundetes Land war. Wenn benachbarte, alt verbundene Landschaften durch Erbteilungen der Fürsten auseinandergerissen werden, dann macht sich wohl noch geraume Zeit das Bewußtsein alter Zusammengehörigkeit geltend, aber auch dieses schwindet, wenn, wie es hier bei Baden-Durlach und Baden-Baden geschah, die beiden Kleinstaaten in den großen Gegensätzen der Zeit nach verschiedenen Richtungen getrieben werden. Vollends die Landesteile, die durch fremdes Gebiet voneinander getrennt sind, führen ihr selbständiges Sonderdasein.

So blieb denn die Markgrafschaft, ob vereinigt, ob getrennt, ein echter Patrimonialstaat, zusammengesetzt aus allerlei kleinen Herrschaften, die ein Fürstenhaus unter verschiedenen Rechtstiteln im Laufe der Zeit zusammengebracht hatte, weder innerlich noch äußerlich miteinander verbunden. Auf langer Linie lagen diese Stücke, untermischt mit fremden Territorien, mit denen ein jedes wieder engere wirtschaftliche und Stammesbeziehungen pflegte als mit den andern, verstreut und unregelmäßig wie die Parzellen eines Bauerngutes auf einer unbereinigten Ackerflur. Das Kernland, von dem das Fürstenhaus und daher auch sein Staat den Namen trug, aus der alten Landgrafschaft im Uffgau entstanden, bildete ein leidlich zusammenhängendes Gebiet von Bühl bis Graben, von Pforzheim bis Mühlburg; auf der Seite des Neckars und der Nagold wich man noch in dieser Zeit vor dem sich abrundenden Württemberg zurück.

Hier lagen auch die vier Städte des Fürstentums, Pforzheim, Baden, Ettlingen, Durlach, und brachten der sonst ländlichen Bevölkerung eine geringe und doch bedeutsame Beimischung eines bürgerlichen Elements. Denn die übrigen Landesteile hatten es über Marktflecken nicht hinausgebracht; auch Sulzberg im Röttler Lande war nicht höher anzusetzen. Aber selbst hier in der alten Markgrafschaft waren nicht alle Rechts- und Herrschaftsverhältnisse geklärt. Das größte der Klöster, Schwarzach, beanspruchte die Reichsfreiheit und wollte in endlosem Streit, der sich bis zum Ende des Reiches immer wieder heftig aufflackernd fortsetzte, den Markgrafen nicht mehr als das Vogtrecht einräumen. Die Grafen von Eberstein, die das Murgtal innehatten, in der Zeit des Kampfes gegen die aufstrebende Fürstenmacht, Hauptstreiter des Adels, zerbröckelten ihre eigene Herrschaft und waren mit den Markgrafen in eine Gemeinschaft, die doch auch wieder eine Teilung zuließ, getreten, so daß dieses um seines Holzhandels besonders wichtige Gebiet nicht unter der vollen Botmäßigkeit der Markgrafen stand. Der übrige, niedere Ritteradel war schließlich hier wie in Württemberg und der Pfalz nicht unter die Landeshoheit getreten und das Band des Lehenswesens, das zahlreiche Geschlechter persönlich an das Markgrafenhaus hätte knüpfen sollen, wurde zusehends schwächer; aber er unterbrach auch mit seinen Dörfern und Schlössern das Gebiet weniger als anderwärts. Dörfer und Bruchteile von Dörfern und von Herrschaftsrechten in ihnen waren hier noch immer feil, und sorgsame Haushalter unter den Markgrafen ließen sich nicht die Gelegenheit entgehen, wenn wieder ein Stückchen mehr zu erwerben war.

Im Oberland, jenseits der Ortenau, die als Reichsvogtei nur gelegentlich sich als Auftrag oder Pfandbesitz in den Händen der Markgrafen befand, und des bischöflich straßburgischen Gebietes lag die Markgrafschaft Hachberg, ein schmaler Streifen, der die Nordhälfte des Kaiserstuhls, ein kleines Stück des ebenen Breisgaues und einige Schwarzwaldtäler umfaßte, der Rest der alten Landgrafschaft, die einst das beste Stück des zähringischen Besitzes ausgemacht hatte, der der älteren markgräflichen Linie allein verblieben war. Wenigstens er hatte sich unabhängig von der neuen habsburgischen Landeshoheit im Breisgau erhalten und die alten Ehrenansprüche waren unvergessen. Aber eingeengt von öster-

reichischem Besitz war und blieb Hachberg der bedrängteste Landesteil.
Kleine Enklaven, erst seit kurzem erworben oder gesichert, einige
nur Teilbesitz, Kehl, Lahr, Malberg, stellten eine Art von Ver=
bindung mit der größeren nördlichen Landschaft her. Im Ober=
land lag dann die zweite größere in sich zusammenhängende Land=
masse, die aus den Herrschaften Rötteln, Sausenberg und Baden=
weiler bestand. Nach dem Aussterben der Nebenlinie, die sich zu=
letzt dem Stammhause entfremdet hatte, war die Gefahr völligen
Verlustes durch Markgraf Christoph glücklich überwunden worden;
aber die Rechtsverhältnisse zu Österreich blieben unklar und gaben
diesem noch lange eine Handhabe der Beunruhigung. Der öster=
reichische Breisgau umklammerte das Ländchen fast von allen Seiten,
aber auch ihm war durch dasselbe die nächste Verbindung mit der
Schweiz nach Basel gesperrt. Dorthin, wohin von Rhein und
Wiese alle Wege führten, suchte das im ganzen wohlhabende, aber
eines städtischen Mittelpunkts entbehrende Land je länger je mehr
seinen wirtschaftlichen und geistigen Anschluß in scharfem Gegen=
satz zu den breisgauischen Nachbarn: hier ein Bauernland, dort
ein Adelsland.

Diese Gebietsteile gehörten doch wenigstens dem oberrheinischen
Land an, wenn auch im Norden fränkische, im Süden schwäbische
Art und Rechtsverfassung sich geltend machten; anders die Außen=
posten, die ebenfalls erst Christoph teils erworben, teils gesichert
hatte. In dem Teile Deutschlands, der vor allen andern die
bunteste Musterkarte zerstückelter, oft winziger Territorien und
wunderlicher, staatsrechtlicher Verhältnisse zeigt, an der Mosel und
auf dem Hunsrück lagen die Sponheimer Grafschaften, ein Gegen=
stand unauslöschlicher Kondominats= und Teilungsstreitigkeiten, wie
überhaupt dieses meistens recht friedliebende Fürstenhaus die Fülle
endloser Reichskammergerichtsprozesse zur Belastung, aber auch zur
Wonne seiner Juristen, deren Unentbehrlichkeit hier erst recht ein=
leuchtete, mit sich schleppte — eine als selbstverständlich hinge=
nommene Begleiterscheinung des öffentlichen Lebens.

Noch entfernter, auf die Länge noch gleichgültiger angesehen,
lagen die Luxemburger Besitzungen, der Preis treuer Hilfe, den
Christoph von Maximilian in den Niederlanden erhalten hatte, wie
andere, die ihm bei der Sicherung der habsburgischen Herrschaft
in der burgundischen Erbschaft beigestanden hatten, wie Herzog

Albrecht von Sachsen und die Nassauer. Sie hätten der Anlaß
werden können, das Zähringische Haus weiter in die niederländischen
Händel zu verflechten und ihm Gelegenheit zum Erwerb von Land
und Leuten zu geben; den oberrheinischen Landen aber blieben alle
diese Besitzungen dauernd fremd; die beiden suchten gar nicht miteinander in Beziehungen zu treten.

Um so wichtiger aber war diese Zerstreuung der Landesteile
für die Schicksale des Fürstenhauses. Sie begünstigte die Landesteilungen, die trotz einzelner Anläufe zur Einschränkung der Erbteilungen altem deutschen Familienrecht entsprechend, noch immer
in dieser Epoche geübt werden, um erst mit dem letzten Fürsten derselben, Georg Friedrich, besserer Einsicht zu weichen. Durch Erbver-
träge, die umfangreichsten nicht inhaltsreichsten der Urkunden, zu
denen, wie ein Schreiber damals klagte, „man schier die größte Kälber-
haut nehmen und noch wohl enge schreiben mußte", suchte man dem
Schlimmsten, den immer noch teuer abzufindenden und die schmalen
Finanzen arg belastenden Ansprüchen der verheirateten Töchter,
ihrer Männer und Kinder, vorzubeugen. Aber die Zerstücklung
brachte auch mannigfache Interessen und Verbindungen mit sich;
die Markgrafen sahen sich in Verhältnisse und Verwicklungen mit
hineingezogen, denen sie als Herren eines geschlossenen Territoriums
fremd geblieben wären. Und da die eigenen Einkünfte, zumal nach
den Landesteilungen, für die Ansprüche der Mitglieder eines alt-
fürstlichen Hauses, das auf diesen Rang stets große Stücke hielt,
selten ausreichten, so war die Beschäftigung in auswärtigen Angelegenheiten ihnen ein willkommenes Mittel, um zu größerer Tätigkeit, Ansehen und Einkünften zu gelangen.

So hatte schon früher die Nachbarschaft von Kurtrier mit
Sponheim badischen Prinzen den Kurhut von Trier verschafft,
Christoph, ein Meister in der Handhabung aller solcher Beziehungen,
wußte ihn für einen seiner Söhne festzuhalten. Er selber aber
hatte die besten Mannesjahre in den niederländischen Kämpfen und
mit der Verwaltung von Luxemburg zugebracht; alle seine Söhne
sandte er hinaus, die einen in die geistlichen Stifter, ihr Glück zu
machen, den Ältesten, Bernhard, ließ er „dem Kaiserhof nach-
folgen" und verlor ihn darüber fast aus den Augen; seinen Lieb-
lingssohn Philipp, den er gern zum alleinigen Erben bestimmt
hätte, ließ er in seiner Jugend in französische Dienste treten und

dann im Mittelmeer Kriegsdienste leisten; denn trotz der verwandt=
schaftlichen und freundschaftlichen Beziehungen zum Kaiserhause
fand man es dort wohl begreiflich, wenn ein Fürst sich auch ander=
wärts umsah und sich gute Verbindungen verschaffte. Die stillere und
am Lande haftende Art der Durlacher Linie ließ ihnen dann die
auswärtigen Dienste weniger erwünscht erscheinen, für die ruhe=
losen Baden=Badener wurden sie zum Verhängnis. Sie zogen
alle die Kondottierenrolle, ohne besonders wählerisch zu sein, wo
sie sie spielten, der bescheidenen Wirksamkeit auf ihrem Schloß im
Oostal vor. Viel Glück haben sie dabei nicht mehr gehabt. In=
grimmig schreibt nach dem Dreißigjährigen Krieg ein Nachkomme
Ferdinand Maria, der Vater Ludwig Wilhelms: „Bekanntermaßen
seien alle lieben Vorfahren ganz liederliche und unnütze Leute ge=
wesen" und rechnet ihnen nach, was sie alles verloren hätten und
sich entgehen lassen. Das war freilich der ungerechte Groll eines
verbitterten Prinzen, der von den gleichen Versuchen nur De=
mütigungen davongetragen hatte, mit dem eigenen Schicksal und
dem seines Hauses. Gerade in seinem Sohne, dem Reichsfeldherrn,
setzt sich dieser unruhige Drang nach außen würdige Ziele und
zeitigt große Erfolge. Aber auch bei den Durlachern kommt er
zum Durchbruch, in einer Zeit, wo deutsche Fürsten auf allen
Schlachtfeldern Europas zu finden waren und ein Pfalzgraf aus
dem winzigsten Territorium als Karl X. von Schweden der ge=
waltigste und abenteuerlichste Kriegsfürst geworden war. Erst mit
Karl Friedrich kommt wieder die friedlich beschauliche, hausväter=
lich fürsorgliche Natur, die das Erbteil so vieler dieses Geschlechtes
ist, zur Geltung.

In dem besten und erfolgreichsten der badischen Fürsten des
16. Jahrhunderts, in Markgraf Christoph (1475—1527), haben sich
diese beiden Anlagen ausgeglichen, doch so, daß die patriarchalische
überwog. So zeigt den billig denkenden und doch kräftigen Mann in
seiner schlichten Tüchtigkeit Hans Baldung Griens Bild, an der Spitze
seiner zahlreichen Kinder kniend vor der heiligen Familie, eines
der schönsten, häuslichen Devotionsbilder. Wären nicht die Wappen=
schilder und Infuln, man würde es für das Abbild einer ehren=
festen, großen Bürgerfamilie halten. Dann begegnet er uns wieder
in einem Einzelbild Baldung Griens als der sinnende, milde Alte,
dessen Züge doch schon erraten lassen, daß die geistigen Kräfte

sich umhüllen und entschlummern; denn diese gesunde und maß=
volle Natur fiel im Alter der Geistesabwesenheit anheim. Unter
ihm finden wir zuerst eine planmäßige Regierungspolitik; an ihrer
Durchführung hat ihn der häufige Aufenthalt im Ausland nicht
gehindert, sondern eher durch Anregung gefördert. Wenn sich auch
die Anordnung der Verwaltung nicht von der andrer Fürstentümer
sehr unterscheidet, so hat er doch der Zentralverwaltung hier eine
feste Form gegeben, aus der sich dann erst gegen das Ende der
Epoche unter seinem Urenkel Georg Friedrich die einzelnen Kollegien
aussondern: ein Landhofmeister, ein Kanzler und Räte, nur der
erste regelmäßig ein Adliger. So wurde auch im Lande die Ein=
teilung in Amtsbezirke und ihre Besetzung regelmäßig durchgeführt.

Eine gemeinsame Landesordnung, eine der ersten dieser Art,
regelt die Verwaltung; man möchte sie mit den Verfassungsurkunden
späterer Zeiten an Bedeutung vergleichen. Eine fruchtbare juristische
und Verwaltungsgesetzgebung auf fast allen Gebieten schließt sich
daran. Der wertvollste Besitz des Staates, die Wälder der Ebene,
erhalten eine sorgfältige Wirtschaftsordnung, und indem sich das
große, auf den Export berechnete Holzgewerbe des Gebirges, die
Murgschifferschaft, neu organisiert, verschafft ihr der Markgraf nach
Möglichkeit gesicherte Absatzbedingungen. Das Ideal einer festen,
rationellen Preisbildung ist hier fast erreicht im Sinne jener Zeit
durch ein Zusammenwirken der Obrigkeit, die das Interesse der
Konsumenten vormundschaftlich vertritt und der Produzenten, die
ihre Kosten und Arbeitsaufwendungen öffentlich kundgeben, ohne daß
man doch den Handel, den man vielmehr zum Ersatz wünscht und
Anhaltspunkte für seine Preisbildung gibt, ausschlösse. Ein gleiches
sucht Christoph für Frucht= und Weinbau zu leisten durch die Einrich=
tung des Schlages, der amtlichen Preistaxe, die niemanden bindet als
die Herrschaft selber und die der leicht ausartenden ländlichen Kredit=
gewährung einen festen Maßstab gewährt. Als sein Sohn Philipp
ein gleiches auch für den Wollenkauf unter gleicher vorsichtiger
Behandlung des Handels tat, waren alle wichtigeren Rohprodukte
der Markgrafschaft dieser einheitlichen Preispolitik unterworfen.

Hatte hierbei Christoph die Selbstverwaltung der Interessenten
herbeigezogen, ohne ihrer Eigenmächtigkeit Vorschub zu leisten, so
verfuhr er nicht anders, auch in den wichtigsten seiner Reformen,
die der Ausbildung des Städtewesens in seinem Lande gewidmet

waren. Dieses war bisher völlig rückständig gewesen, nicht einmal
Leibesfreiheit und Freizügigkeit der Bürger war gewahrt. Die
Städteordnungen für Baden und Pforzheim, die Christoph erst zur
Probe, dann endgültig verlieh, zeigen genau den Punkt an, bis
zu dem die fürstliche Verwaltung gehen wollte, um das Selbst=
bewußtsein der Bürger und mit ihm ihre Betriebsamkeit und das
Aufblühen der Städte zu fördern und doch sie nicht den Weg be=
schreiten zu lassen, den frühere Städte gegangen, zu unabhängigen
Staaten im Staate zu werden. Dieser Mischung von Aufmunterung
und Mißtrauen entsprechen die Maßregeln seiner Gewerbepolitik.
Mit den schärfsten Worten verbot er alle Zünfte, stellte er eine
völlige Handels= und Verkehrsfreiheit in seinem Lande her, aber
er stiftete selber einen Landesverband von Handwerkern, die durch
ihr zerstreutes Wohnen in Dörfern jedes Zusammenhanges ent=
behrten, der Hafner. Er bekämpfte das Dorfhandwerk, um die
Städte und den Marktbesuch zu heben, aber er ließ es zu, wo es
wie bei den Wollenwebern einen neuen Zweig des Gewerbefleißes
ausbilden und gerade in den Dienst der städtischen Meister treten
konnte. Bei der strengen und damals musterhaften Regelung der
Nahrungsmittelgewerbe, in der sich die Preispolitik der Taxen
fortsetzt, zog er dann doch auch die Handwerker hinzu, nur daß
er ihnen jede Autonomie verweigerte. Als der erste Landesfürst
gab er der Tuchmacherei, dem wichtigsten Gewerbe, das er nach
dem niederländischen Muster, eben um mit den Niederlanden in
Wettbewerb treten zu können, einrichtete, eine gemeinsame Landes=
ordnung und eröffnet damit in Deutschland eine neue Bahn landes=
fürstlicher Gewerbepolitik.

Frühere Versuche, zu einer größeren Einheitlichkeit des heimischen
Familienrechts zu gelangen, da sich beim Heiraten und beim
Erbgang von einem Ort der Markgrafschaft zum andern die Ver=
schiedenheit der Landesgewohnheiten am lästigsten bemerkbar
machten, waren an der Unmöglichkeit, die verschiedenen Ansichten
der Untertanen, zu vereinigen, gescheitert, da doch jeder auf der
seinen beharrte. Christoph ging unter Beratung des ersten deutschen
Rechtsgelehrten, Ulrich Zasius, des Stolzes der benachbarten Frei=
burger Universität, andern Fürsten voran mit einer selbständigen
Gesetzgebung, die sich entschieden und doch mit Vorsicht auf den
Boden des römischen Rechts stellte. Eine ebenso einschneidende

Ordnung eines oberen Gerichtes folgte, ließ sich dann aber doch bei der Abneigung der bäuerlichen Bevölkerung nicht auf die Dauer durchsetzen.

Als Reichsfürst hatte sich Christoph, wie wir sahen, früh und mit Entschiedenheit dem aufgehenden Stern Maximilians zugewandt; aber seine Zuneigung zu der kaiserlichen Politik ging nicht so weit, um ihn zu veranlassen, sich mit dem nächsten Nachbar zu verfeinden. Dem Aufruf des Kaisers zur Demütigung der Macht des Kurfürsten Philipp von der Pfalz im Jahre 1504 leistete er nicht, wie so viele andre, Folge, obwohl er sich wie sie hätte bereichern, auch früher verlorenes Badener Gut hätte zurückerwerben können. Die Zeitgenossen haben es ihm hoch angerechnet, daß er erklärte, Treu und Glauben höher achten zu wollen; aber es war doch nicht nur alte Freundschaft, soweit auch seine politischen Wege von jeher von denen des Pfälzers auseinander gegangen waren, sondern auch die Klugheit, die gebot, das Ansehen des einzigen weltlichen Kurfürstentums am Rhein nicht zu untergraben. So hat er, noch nicht berührt von den Kämpfen, die nach ihm alle Standpunkte verschoben, die wechselnd und fast zufällig seine Nachkommen bald auf die eine, bald auf die andre Seite führten, eine erstaunliche Vielseitigkeit und Fruchtbarkeit an den Tag gelegt, der erfolgreichste und angesehenste der Markgrafen; man hat gesagt: auch der Glücklichste, wenn er einige Jahre früher gestorben wäre.

Christoph hatte doch, obwohl er nach altem Brauch soviel Söhne als möglich in den Dienst der Kirche zum Genuß ihrer Einkünfte überleitete, schließlich zur Landesteilung greifen müssen. Er tat es in einer Weise, daß der Grundsatz der Einheit nach außen, der Gleichheit in Gesetzen, Verkehr, Handel und Wandel zwischen den Teilen selber gewahrt bleiben sollte. Es war ein Kompromiß zwischen dem Prinzip der patrimonialen Fürstenherrschaft und den neuen Gedanken der Staatseinheit, der wohl bei der Bevölkerung zunächst Anklang fand, bei dem aber je länger desto mehr das erstere überwog. Zunächst blieben wenigstens die Kernlande der eigentlichen Markgrafschaft vereinigt in der Hand Philipps I., der, bei Lebzeiten die rechte Hand seines Vaters, ganz in seiner Richtung weiterging, ein kluger Verwalter und Vermittler (1527, resp. 1515—1533). Er sah das drohende Gewitter des Bauernkriegs lange aufziehen und suchte seine lässigen Lehensleute, ohne bei ihnen viel Verständnis zu finden, zur Herstellung ihrer Burgen zu verpflichten; dann mußte auch er dem Sturm sich beugen. Doch milder als anderwärts verlief in der Markgrafschaft der Bauernkrieg, der Markgraf selber genoß bei den Bauern mehr Vertrauen als andre Fürsten, seine Vermittlungsversuche waren aufrichtiger, die Reaktion gegen den Aufstand hier weniger gewaltsam als anderwärts. So kam es, daß die Bauern in der Markgrafschaft und in der Ortenau, wo Philipp zusammen mit der Stadt Straßburg schon im April des tollen Jahres 1525 den Stillstand vermittelt und so das Schlimmste verhütet hatte, doch immerhin einige Vorteile davon trugen.

In der großen geistigen Bewegung der Zeit, der Kirchenreformation, hat er sich abwartend verhalten, ebensowenig geneigt, sich von der alten Kirche zu trennen, als für sie einzutreten. Auf dem Wormser Reichstage 1521 hat sein kluger Kanzler Vehus im Auftrag des Kaisers und der Fürsten das Verhör Luthers geführt, in sachlicher, eher höflicher als verletzender Weise, wie es dem Sinne seines Herrn entsprach. Dann hat Philipp die evangelischen Prediger bald zugelassen, bald ihnen den Abschied gegeben, nicht unbeeinflußt von der politischen Rätlichkeit. Irgend einen Zwang hat er nicht ausgeübt, die Vorteile aber, die für das Fürstentum aus dem Zerfall der alten Ordnung erwuchsen, sich nicht entgehen lassen.

Nach seinem Tode kam es nun doch zu der verhängnisvollen Zerreißung der Markgrafschaft. Mit einem Mißverständnis begann sie: wider Erwarten des älteren Bruders Bernhard, der nach altem Gebrauch die Teile gemacht hatte, aber schließlich sehr begreiflich wählte der jüngere, Ernst, den besseren nördlichen Teil, nach der Hauptstadt zunächst Baden-Pforzheim, bald Baden-Durlach genannt, obwohl er seinem bisher besessenen Fürstentum Rötteln-Sausenberg entfernter lag. Das legte den Grund zu einer Feindschaft der beiden Linien, die nie mehr ganz erloschen ist. Ein nachträglicher Ausgleich, ein „jährlicher Zusatz von Wein und Früchten", zu dem sich Ernst bereit finden ließ, konnte sie nicht beseitigen. Jedenfalls blieben bis zum Erlöschen der baden-badischen Linie die beiden Fürstentümer durcheinandergeschoben.

Jener Augenblick aber, der die Fürsten sich trennen sah, ist der Geburtstag der badischen Landstände, und wenn ihnen auch

kein so glänzendes Schicksal weiter beschieden war, als dieser An=
fang versprach, so ist er doch bedeutsam für die Stellung von Land
und Fürsten zueinander. Überall sonst sind die landständischen
Vertretungen der Geldnot der Fürsten, die sich an ihre Unter=
tanen um Geldbewilligungen wandten, entsprungen. Und da das
Steuerbewilligungsrecht das erste und das allein unbestrittene Recht
der Landstände blieb, haben auch in den badischen Markgraf=
schaften die immer sich erneuernden Verlegenheiten und Forderungen
der Landesherren die weitere Entwicklung bestimmt. Schließlich
haben sogar nach dem Dreißigjährigen Kriege, als die Finanzen
eine andere Ordnung erhielten, nur deshalb die Landstände, die
doch seit mehr als einem Jahrhundert eine nützliche und jeder=
mann vertraute Einrichtung waren, ihren Boden verloren und
sind eingeschlafen. Für frühere einmalige Geldforderungen hatte
wohl Christoph von den Prälaten eine Beisteuer bewilligt er=
halten, bei den Ämtern sie aber einfach umgelegt, wie es bei den
flüchtigen Versuchen mit Reichssteuern, die der gewissenhafte Mark=
graf wirklich erhob, auch geschah. Da führten politische Gründe
auch hier zu Landständen. Rötteln=Sausenberg und Badenweiler
eröffneten den Reigen. Als man sich bedroht sah durch die
Ansprüche der österreichischen Landeshoheit und das Ensisheimer
Gericht die Urteile an sich ziehen wollte, traten hier Ausschüsse
der in ihrer Selbständigkeit gekränkten Landschaft zusammen und
forderten den Markgrafen selber auf, ihre und seine Sache kräftig
zu vertreten. Christoph hatte sich vorsichtig verhalten, aber dieser
Ausdruck eines entschiedenen Volkswillens — denn um einen
solchen handelte es sich hier wirklich — konnte ihm nur gelegen
kommen.

Dann hatte Philipp in dem schwülen Jahre 1516, als der
württembergische Bauernaufstand des armen Konrad die Gefahren
der Lage grell beleuchtet hatte, alle Ämter seines Landes veranlaßt,
ihre einzelnen Beschwerden zu sammeln und ihm vorzutragen. So
pflegten es auch später die Landtage zu halten, wenn sie ihre
Bewilligungen gemacht und nun — immer erst nachträglich, nicht
als Bedingung — Berücksichtigung ihrer Anliegen wünschten.
Philipp hatte sie eingehend beantwortet, manches erfüllt, mehr noch
erläuternd abgelehnt. Man gewinnt aus dieser lehrreichen Ver=
handlung eher den Eindruck, daß die Landschaft rückständiger ist

als der Fürst; sie möchte in wichtigen Punkten hinter Christophs Reformen zurück.

Landstände im eigentlichen Sinne aber waren das noch nicht; erst jetzt, im Jahre 1536, als Gefahr vorlag, daß die Brüder, die bereits Truppen warben, offene Fehde begännen, traten solche zusammen, völlig aus eigener Machtvollkommenheit, wenn auch mit Zustimmung der alten Räte Philipps, die die Verwaltung einstweilen weiterführten und wenig von den Aussichten eines Bruderkrieges erbaut waren. Ritterschaft, Prälaten, Städte und Ämter bildeten einen Ausschuß, berieten bald gemeinsam, bald getrennt, schickten ihre Gesandtschaften an die feindlichen Brüder und ermahnten sie mit nicht eben milden Worten, zumal Bernhard, der sich als der trotzigere erwies. Sie haben damals den Vertrag zustande gebracht, indem sie den Grundsatz Christophs, die beiden Markgrafschaften als ein „Corpus" zu behandeln, auf alle Weise zu sichern suchten.

Freilich sind in den nächsten Jahrzehnten die beiden Fürstentümer andre Wege gegangen, und die wechselseitige Verkehrsfreiheit fing an zu zerbröckeln; die Einzelinteressen auch der Untertanen überwiegen. Doch hat noch 1588, als es sich in Baden-Baden darum handelte, die Zunftverfassung einzuführen, der Landtag es nur darum getan, weil es in Baden-Durlach vorlängst schon geschehen war. Die Hauptsache war doch die Verschiedenartigkeit der Charaktere der Fürsten selber. Sie trat uns schon entgegen. Auf der baden-babischen Linie lastete noch als besonderer Unstern die häufige, langdauernde Minderjährigkeit ihrer Fürsten. Allerdings waren in solchen Zeiten die Anforderungen an die Landstände gering, aber es geschah auch sonst nichts, und nach erreichter Volljährigkeit holten die jungen Fürsten das, was die Vormünder im Fordern etwa versäumt hatten, reichlich nach; die Tätigkeit im eigenen kleinen Lande aber behagte ihnen wenig. Philibert (1536 bis 1569), der Sohn Bernhards aus einer späten legitimen Ehe, fiel nach wenigen Jahren eigener Regierung bei Moncontour im Kampf mit den Hugenotten, gegen die er dem König seine „Reîtres" zugeführt hatte, obwohl er sich selber daheim zur protestantischen Religion hielt. Seinen Landständen hatte er geklagt, daß seit der Landesteilung Baden nie mehr zur Ruhe gekommen sei; er selber dachte aber auch nicht an Ruhe. Bei wachsenden Schulden und zunehmender Unwilligkeit der Stände schien der fremde Feldzug eher eine Entlastung. Nach seinem Tode klagten die Stände: Nun sei er nach Frankreich gezogen, ehe er ihre Beschwerden, wie er versprochen, abgestellt, und nicht wieder gekommen.

Schon spielt unter diesen Beschwerden die Überlastung mit dem Wildbret die erste Rolle, freilich um mit den folgenden Jahren und Jahrzehnten sich noch immer mehr zu steigern. Auf dem Landtag von 1567 heißt es bereits: „Der Bauersmann mit Weib und Kindern könne nicht mehr die alten Beschwerungen, Bet, Gülten, von den neuen Auflagen ganz zu schweigen, reichen. An den Amtsrechnungen und den Zehnterträgen könne man das genau sehen; ganze Ackerfluren blieben zu Egärten ungebaut liegen; denn da die Gülten dieselben blieben, so zeige sich beim Ausdrusch, daß man die Baukosten und die gehabte Mühe kaum decken könne. Das müsse schließlich nicht nur die arme Landschaft, sondern auch des Fürsten Einkommen spüren.“ Da der Wildbann überall dem Markgrafen allein zustand, nützte man rücksichtslos dieses Recht, dem kein Maß gesetzt war, aus. Außerdem war die Jagd das beste Vergnügen des Fürsten, und diesen eingefleischten Jägern schien sie niemals zu überreich.

Nach langer Vormundschaft kam mit dem Sohn Philiberts, Philipp II., eine Persönlichkeit ganz anderer Art zur Regierung. Von seinem Vormund, Wilhelm von Bayern, hatte der Jüngling eine streng katholische Erziehung erhalten. An der Universität Ingolstadt hatte er unter der Leitung der Jesuiten seine Studien gemacht — noch sind die Instruktionen seiner Lehrer erhalten —, er hatte mit Anstand das Amt eines Rektors der Universität bekleidet und sich gewöhnt, zu glänzen und mit großen Plänen zu schmeicheln. Er ist fast der einzige der Markgrafen, der sich durch eine feine ästhetische Bildung auszeichnete, im Stile der Jesuitenschule. Als er sich sein Schloß in Baden erbaute, hat er, ganz wie bei den Aufführungen jener Schulen, mit pomphaften Allegorien die Lebensbahn des fleißigen und tugendhaften Jünglings, der seine Züge trägt, in einem Saale malen lassen. Die Tugenden führen ihn ins Leben ein, zu allen Großtaten ihn vorbereitend, während in einem andern Bild der lasterhafte Jüngling allen Lockungen und Verführungen unterliegt. Die bescheidene Tugend der Sparsamkeit besaß er aber nicht. Seinen Landständen kündigte er sich

im Jahre 1582 mit der Vorhaltung an, wie gut es ihnen bisher
gegangen sei, wie langen Frieden Baden genossen habe, wo andre
Länder verwüstet worden seien. Dafür aber sei auch während seiner
Minderjährigkeit die Hofhaltung ganz gering gewesen und nichts
gebaut worden, alle Häuser seien von Hausrat entblößt. Wenigstens
das Schloß Baden müsse jetzt gebaut werden. Seine Absichten
aber gingen weiter: Bald hoffe er in die Bestallung seines
Vaters bei der Krone Frankreich einzutreten, auch bei anderen
Potentaten sich umzutun und sein Glück ebenmäßig mit Ruhm
versuchen; nur seiner Untertanen wegen habe er es bisher unter=
lassen. In der Tat drangen diese fortwährend auf die Verheiratung
ihres Fürsten, damit die Erbfolge gesichert werde.

Nun begann Philipp ein Regiment, dem keinesfalls jugend=
liche Begeisterung und Talent abzusprechen sind; es entsprach dem
Ideale, das etwa in den italienischen Fürstentümern ausge=
bildet war. Man möchte diese Überfülle von Maßregeln, die sich
in seiner kurzen Regierungszeit zusammendrängen, mit denen
Christophs, seines Urgroßvaters, vergleichen; nur daß jene sorg=
fältig vorbereitet und nachdrücklich durchgeführt wurden, während
die seinen sich überstürzten und ihm die Geduld, sie nur über=
haupt im Lande abzuwarten, fehlte. Zunächst verstand es sich
von selber, daß er die Gegenreformation mit der größten Eile
durchführte, und hier wenigstens hat er es an Nachdruck nicht
fehlen lassen; dafür sorgten schon die, die ihn trieben. Er hatte
nicht viel Widerstand zu überwinden; die bäuerliche Bevölkerung
verhielt sich völlig gleichgültig. Ob protestantische Regenten, ob
katholische Vormundschaften, jede hatte zwar offiziell die Kon=
fession des Landes geändert, aber wenig nachdrücklich. Philibert
hatte, wie der Landtag seinem Sohne gegenüber rühmend hervor=
hebt, die Religion jedem freigestellt. Wo sich Bauernfamilien mit
lebhafterem religiösem Interesse vorfanden, da waren es hier und
in der Ortenau eher Wiedertäufer, die verfolgt und versprengt
von Hof zu Hof zogen. Der Reiz der Absonderung, der be=
sonderen Erwählung, den sie ausübten, war im einzelnen stark,
im ganzen unwirksam.

Anders in den Städten, zumal in Baden. Hier war die Mehr=
zahl der Bürgerschaft protestantisch und wollte es bleiben. Der
Landtag, an den der Markgraf soeben mit seinen großen Geld=

forderungen herantrat, nahm sich ihrer an; er tat es mit ernsten
Worten, aber im Grunde mit so wenig Zuversichtlichkeit, daß der
Mißerfolg, gegenüber dem Eifer und dem Selbstbewußtsein Philipps,
von vornherein sicher war: „Der Markgraf habe", so stellten sie vor,
„gleich bei Anfang seiner Regierung den Untertanen befohlen, sich
der alten katholischen Religion wieder zu unterfangen, katholische
Priester zu bestellen, die kirchlichen Zeremonien zu leisten. Sie,
die allgemeine Landschaft, wolle sich seiner fürstlichen Gnaden in
dero vorhabender Religion nicht widersetzen, aber sie müßten doch
vorstellen, daß besonders in den Städten und Marktflecken der
größere Teil der Bürger von ausländischen Orten her gebürtig
sei, und daß seit Philiberts Zeit die Kommunion nach Christi
Einsetzung unter beiderlei Gestalt gereicht worden.   Daher wolle
die Mehrheit der Bürgerschaft, in Anbetracht ihres Gewissens und
weil sie von Jugend auf so unterwiesen und gelehrt worden, für
die höchste Beschwerde halten, sich an der Kommunion einerlei Ge=
stalt zu beteiligen.   Daher bäte der gesamte Landtag, die Kom=
munion freizustellen und die Gewissen nicht zu beschweren; das
werde den Gehorsam erhöhen und anderen auch Ursach geben,
nach der Markgrafschaft zu ziehen." Die Stadt Baden insbesonders
verlangte das gleiche mit größerem Nachdruck: sie wolle bei ihrem
alten Bürgereid bleiben, die Spitalkirche wenigstens solle mit einem
Prediger, der das Wort Gottes der Augsburgischen Konfession
gemäß verkündige, und das Nachtmahl unter beiderlei Gestalt reiche,
besetzt sein.   So möchte die Stadt in Aufnahme kommen; denn
lange Zeit vorher seien nur arme Tagelöhner Bürger geworden.

Solche Bitten sahen mehr nach Entschuldigungen aus, gab man
sich doch geradezu den Anschein, als ob ein rechter, geborener Unter=
tan seinem Herrn in der Religion nachfolge, daß man aber den
Fremden, die man in den Städten um deren Wohlstand willen gern
sah, etwas nachgeben müsse.   Bei Philipp verhallten solche Wünsche
ungehört.   Wie gewöhnlich wurden zuerst die protestantischen
Geistlichen des Landes verwiesen und jede nichtkatholische Religions=
übung untersagt, dann eine Art Zwang, die Predigt zu hören, ein=
geführt, und denen, die sich nicht an der Kommunion beteiligten,
das Geläut beim Begräbnis versagt.   Wiederum protestierte die
Stadt Baden.   Philipp antwortete höhnisch: „Er nötige keinen
in die Stadt zu ziehen, aber wer komme, müsse katholisch sein.

Er wolle sich eines schuldigen Gehorsams gegen Gottes und seine
Gebote fortan versehen, daß die Bürger sich der Kirche nicht ent-
halten, sondern das, was ihnen auf der Kanzel und sonst vor-
getragen, fleißig und eifrig anhören. Mit großen Kosten habe
er, allein ihnen zugut, beschlossen, auf ihre Lehre acht zu geben
und sie sowohl öffentlich als auch privatim ihres Irrtums oder vielmehr ihrer Halsstarrigkeit zu überzeugen und für ihrer armen
Seele Heil zu sorgen. Ganz wunderlich aber sei ihr Gesuch um
das Geläut, da sie allererst nach ihrem Tod die Gesellschaft der
Katholischen, so sie im Leben gehaßt, und von denen sie ab-
gesondert zu sein begehren, verlangen. Übrigens sei das Sache der
geistlichen Obrigkeit, der er nicht vorgreifen wolle."

Er hatte es gut verstanden, hier einmal die bischöfliche Ge-
walt in einer Nebenfrage, wie das Kirchengeläute, anzuführen. Im
übrigen vollzog er mit einer Eigenmächtigkeit, die man von kirch-
licher Seite dem eifrigen Fürsten gern nachsah, ohne jene zuzu-
ziehen, seine katholische Reformation gegen Priester wie Untertanen. Auf diesem Wege wenigstens bestärkten ihn seine Stände,
die, wenn schon der Katholizismus wieder allgemein eingeführt wurde,
wenigstens eine strenge Staatsaufsicht wünschten. Sie verlangten eine
scharfe Verordnung an die Priester, sich nach ihren Pfründen zu
richten und nicht durch unmäßiges Zechen und Gesellschaften in
Schulden zu geraten. Das ungebührliche, schmähliche Ausschreien
auf der Kanzel, das heißt persönliche Angriffe, soll ihnen untersagt werden, da es mehr Widerwillen bei dem gemeinen Mann
als Frucht und Nutzen bringe. Ferner solle die große Unordnung bei den Pfarrern auf dem Land beim Gebieten der Feiertage
abgestellt werden; denn es sei unerträglich, daß dem gemeinen
Mann an dem einen Ort zu schaffen erlaubt, im Nachbarort verboten sei.

Solchen Anregungen kam Philipp gern entgegen: Der Freitag
wurde in der Kanzlei eigens für die kirchlichen Angelegenheiten
als Amtstag bestimmt; dazu sollten dann Amtleute und Geistliche erscheinen, um sie nicht an andern Tagen zu überlaufen. Die
Sonntags- und Feiertagsheiligung wurde einheitlich geordnet, auch
einmal von Staats wegen ein Fast- und Bußtag angeordnet, um
den göttlichen Zorn bei schweren Gewittern, die die Feldfrucht
bedrohten, zu versöhnen, und so wurde auch, ohne daß man

sich auf die Billigung der geistlichen Behörden bezog, an
allen Freitagen um 5½ Uhr des Morgens eine Messe an=
geordnet, zu der jeder Untertan kommen mußte; die Feld=
arbeiter sollten wenigstens eine Viertelstunde, während deren
die Glocken geläutet wurden, beten. Denn nach dem Muster, das
die Jesuiten aufgestellt hatten, sollte vor allem das Volks=
leben wieder ganz mit religiösen Gebräuchen und Anschauungen
erfüllt werden — eine Eroberung des Volkes von oben her mit
Staatsmitteln unternommen, die aber, wenn auch nicht so bald,
doch gelungen ist.

Dazu gehörte zweierlei: die Abschließung des katholischen Volkes
von den Andersgläubigen und die Beschaffung zuverlässiger Geist=
licher, die dem Stand, der schon vor der Reformation, vollends
aber in ihr grade bei den Bauern in Mißachtung geraten war,
den alten überwiegenden Einfluß, jedoch unter der Obhut des
Staates verschaffen sollten. Aus der Stadt Baden wanderten die
eifrig evangelisch Gesinnten, um sich dem Zwange zu entziehen,
aus; die Stadt klagte, daß Fremde, besonders Welsche, an ihre
Stelle träten, Philipp bezeugte seine Freude darüber, ihm sei jeder
zuverlässige Katholik recht. Jede Heirat mit Nichtkatholiken wurde
wiederholt verboten, den Leibeigenen auch jede Heirat mit Aus=
ländern, und da man einmal im Zuge war, die Eheschließung
zu regeln, sollten überhaupt nur Paare zugelassen werden, die
mit genügender Nahrung versehen. Staatliche und kirchliche
Gesichtspunkte gingen in dieser Eheordnung durcheinander und
unterstützten sich. Nicht nur wurde jetzt erst die kirchliche Ehe=
schließung ohne Ausnahme durchgeführt, sondern auch veraltete Be=
stimmungen, auf die die Kirche selber kaum noch Wert legte, wurden
erneuert: Mit Eingehung von Gevatterschaften solle man vor=
sichtig sein, damit dadurch die Ehen auf Grund geistlicher Ver=
wandtschaft nicht verhindert würden.

Um sich die nötigen Geistlichen zu verschaffen, gründete Philipp
zu Baden seine folgenreichste Stiftung, das Seminar. Lang=
sam genug vollzog sich in Deutschland die Errichtung der Priester=
seminarien in den Diözesen, wie sie das Tridentiner Konzil vor=
geschrieben hatte. Es war etwas Ungewöhnliches, daß dieser kleine
Fürst für sein Ländchen etwas derartiges unternahm. Und da man
auch da noch immer vor der Abneigung des Volkes, sich in den

Priesterstand zu begeben, stand, wie sie in allen katholischen Gegenden Platz gegriffen hatte und gründlicher als alles übrige den Katholizismus mit dem Aussterben bedrohte, so ging Philipp, im Vertrauen auf die Kraft des Reglements, auch hier von Staats wegen vor: Jedem Amt wurde einfach anbefohlen, einstweilen einen tauglichen Jungen nach Baden ins Seminar zu senden, damit er dort in studio auferzogen werde. An Essen und Trinken solle er keinen Mangel leiden, für Kleidung hätten die Eltern zu sorgen. So wurde auch die Lehre der Jugend geregelt, ein einheitlicher Katechismus, wohl der kleine des Canisius, im ganzen Lande eingeführt.

So war die kleine Markgrafschafft, in der man bisher alles hatte gehen lassen, wie es gehen wollte, im Fluge ein Musterland der Gegenreformation geworden. Es kehren ja diese Maßregeln mit nur geringen Verschiebungen in allen Gebieten, wo diese einsetzte, wieder; aber Baden-Baden war unter der Regierung dieses eifrigen Jesuitenschülers eines der ersten, in denen das System erprobt wurde, das Ignatius Loyola ein Menschenalter zuvor scharfsinnig erdacht und in seinen Briefen an deutsche Fürsten beredt gepredigt hatte.

Wie überall stärkte diese staatliche Durchführung der katholischen Reformation die Fürstenmacht, obwohl es in dem kleinen Land nicht zu so heftigen Kämpfen mit den Ständen kam wie in größeren Territorien. Wäre nicht der finanzielle Zusammenbruch das Ende gewesen, so hätte man sich wahrscheinlich dieser Flut von Verordnungen gefügt, hätte nur die üblichen Klagen und Bitten um Abstellung der Mißbräuche in den Landtagsabschieden erhoben und im übrigen der Zeit vertraut. Nun aber kam es, als man sich in Philipps letztem Regierungsjahr und unter seinem Nachfolger Eduard Fortunatus dem Bankerott gegenüber sah, zu einer Art politischen Ausstandes der ganzen Bevölkerung, in der das Fürstenhaus selber verdrängt wurde. Die Regierungstätigkeit Philipps selber, soweit man sie eben nach den Verordnungen beurteilen kann, die immer gut motiviert werden, war umsichtig; auch werden wir sehen, daß seine Räte dem jungen Herrn bittere Wahrheiten nicht vorenthielten. So ist denn vor allem eine treffliche Kanzleiordnung, die die Geschäfte planmäßig verteilte, zu nennen. Diätenordnungen der Beamten, die jetzt häufiger

als früher zum Bericht nach Baden beschieden wurden, ergänzten
sie. Sie stehen mit ihrer Sparsamkeit in einigem Widerspruch
mit der Verschwendung des Herrn. Die Sorge für die Landes-
sicherheit, die jetzt weniger durch die Fehden der Ritter als durch
das geradezu unvertilgbare, umherschweifende Gesindel gefährdet
wurde — „schier niemand sei mehr in seiner Wohnung sicher",
heißt es in einem Mandat —, wird den lässigen Beamten immer
wieder eingeschärft. Für die Rechtsprechung werden die geschriebenen
Rechte als Grundlage eingeschärft; und da die bäuerlichen Bei-
sitzer der Untergerichte aus Unverstand und Fahrlässigkeit ihrer
nicht achteten, sondern sprächen, wie es ihnen beliebe, sollen
die Amtleute sie ermahnen und unterweisen, sich nach ihnen zu
richten oder im Zweifelsfalle sich um Rechtsbelehrung an die
Kanzlei oder an Rechtsgelehrte zu wenden. Gab es doch noch
immer Gemeinden im Land, die um Rückkehr zu ihren alten Ge-
wohnheiten im Erbrecht baten und das unter ihre ständischen Beschwerden aufnahmen, obwohl Christophs Erbordnung nun bereits
seit 70 Jahren galt. Formale Ordnungen der Rechtsgeschäfte,
besonders des Immobilienverkehrs, die zu einer größeren Sicherheit
desselben führen sollten, wurden vorgeschrieben. Philipp ging weiter,
er ließ ein vollständiges Landrecht ausarbeiten, einen Vorläufer
des späteren badischen, wie es Georg Friedrich herstellen ließ. Es
ist nicht mehr zur Veröffentlichung gekommen.

So wurden auch fast alle wirtschaftlichen Verhältnisse der Untertanen einer Verwaltungsrevision unterzogen. Vergleicht man diese
Bestimmungen mit entsprechenden Verordnungen Christophs, so
zeigt sich, wie überall eine genauere Regelung Platz gegriffen,
aber auch, wieviel weitherziger, entgegenkommender die alten
Ordnungen waren. Die Verbindung mit Baden-Durlach, das damals religiös und politisch auf dem entgegengesetzten Standpunkt
steht, wird, so weit es an der Regierung liegt, abgebrochen: dieser
andre Teil der Markgrafschaft gilt als Ausland; wie entschieden
auch die Untertanen erklären mögen: Sie könnten den Besuch des
Durlacher Marktes nicht entbehren, wird er ihnen doch gesperrt.
In diesem Sinne wird noch auf dem letzten Landtag Philipps
das Zunftwesen, gegen das sich bisher die Stadt Baden gesträubt
hatte, eingeführt. An Stelle der alten, ausdrücklich zugesicherten
und auch fast ausnahmslos gewährten Verkehrsfreiheit, tritt nun

erst mit aller Entschiedenheit die Abschließung, die im eigenen Ländchen alles, was ihm wünschenswert erscheint, zurückzuhalten sucht, um nur den Überschuß nach außen zu leiten. Wenn alle Viehausfuhr verboten wird, so geschieht es, damit zunächst dem Küchenmeister für die Hofhaltung das beste Vieh zur Auswahl angeboten werde, dann den Badener Metzgern, darauf den Amtseingesessenen; hier wird sogar der Marktbesuch verpönt — es könnten ja fremde Käufer kommen —, während man ihn sonst, hiermit in Christophs Richtung weitergehend, zu fördern sucht. Denn noch immer bedient sich der Verkehr mit Vorliebe naturalwirtschaftlicher Hilfsmittel, und die einreißende Geldverwirrung begünstigt das von neuem. Nicht nur in den Rebdörfern ist der Umtausch des Mosts oder Weins gegen andre Lebensmittel allgemein gebräuchlich beim kleinen Winzer, sondern auch die Schuhmacher, die lieber mit ihrer Ware hausieren gehen, als die Märkte besuchen, tauschen sie mit Vorliebe bei den Bauern gegen Hanf ein. Die Herrschaft selber aber treibt solche Naturalwirtschaft, gründet zum Teil ihre Finanzen darauf: Wenn Philipp die Untertanen zum pünktlichen Einliefern der Gülten ermahnt, so verspricht er ihnen dafür, sie auch mit Vorschüssen an Getreide nicht im Stich zu lassen. Darum sollen aber auch die Zehntfrüchte im Lande bleiben. Die Gemeinden werden ermahnt, fremde Zehnten möglichst billig zu leihen, aber nichts zu verkaufen; dagegen sollen natürlich die Zehnten der Herrschaft selber möglichst hoch verliehen werden.

Wo nach außen verkauft wird, da bevorzugt man die Form des Monopols, das zwar nicht vom Staat geübt, aber von ihm eingesetzt wird. So wird, allerdings nach dem Vorbild von Baden-Durlach, aber auch mit deutlicher Wendung gegen es, ein Monopol des Wollenhandels aufgerichtet. Auch plötzliche Eingriffe sind an der Tagesordnung. Als im Jahre 1687 der Markgraf befand, daß er für seine Hofhaltung zu wenig Hafer habe — denn er hatte seinen Marstall gewaltig vergrößert —, so erließ er den Befehl, daß niemand Hafer als an ihn verkaufen dürfe; er wagte freilich den Preis nicht festzusetzen, sondern bestimmte, daß der Tagespreis der Hauptverkaufszeit vom 1. November (drei Wochen Frist nach Erlaß des Edikts) gezahlt werden solle, sagt sich aber, daß infolge dieses Mandats sofort die Zufuhr von Hafer zum

Markte stocken und die Preise steigen werden. Deshalb sollen die Amtleute sich schon unter der Hand über eine Taxe verständigen und erst nach deren Vereinbarung das Mandat veröffentlichen.

So möchte er auch die Kreditverhältnisse staatlich regeln. Unablässig bemüht, jede Lücke zu erspähen, durch die sie eindringen könnten, alle Schäden der Volkswirtschaft ausnutzend und verschlimmernd, hatten die Kreditgeschäfte, an denen sich bereits die wohlhabenden Bürger christlicher Konfession mit Vorliebe beteiligen, sich damals darauf geworfen, die Münzverwirrung für sich fruchtbar zu machen. Namentlich in den Reborten, wo das Kreditbedürfnis des kleinen Mannes in schlechten Jahren ständig war und deshalb auch in guten nicht aufhörte, war es üblich, daß Geld zu höherem Werte vorgeschossen als angenommen wurde, oder auch, daß unbekannte und ungangbare Münze vorgestreckt, nur gang und gäbe wieder genommen wurde. So wurde denn der unerfreuliche Zustand, daß sich der Auswurf aller Münzstätten Europas in diesen kleinen Staaten herumtrieb, noch immer verschärft. Die Wirte, die gewöhnlich die Darlehen vermittelten, hatten noch die besondere Findigkeit, die Geldbedürftigen solange hinzuhalten, bis sie einen guten Teil der erwarteten Barschaft schon im voraus verzehrt hatten. Man behauptet ja heute ein gleiches von ihrer Freundschaft zu den Weinreisenden, die, um Geschäfte machen zu können, auch bei ihnen besser leben müssen, als ihrem Beutel und ihrer Gesundheit zuträglich ist. Was freilich die scharfen Münzmandate Philipps genützt haben, mag zweifelhaft sein.

Weit eingreifender war sein Verhalten in der Frage der Judenschulden. Abwechselnd waren in dieser Zeit die Juden in der Markgrafschaft bald zugelassen, bald wurde ihnen wieder der Aufenthalt aufgekündigt. Zum größten Teil waren es, wie man an den winzigen Beträgen der Schutzgelder, die sie unter sich selber umlegen durften, sieht, arme Gesellen, kleine Landhausierer. Als eine besondere Beschäftigung wird der kleine Ankauf von Gerberwolle, die die monopolistischen, großen, christlichen Wollhändler ihnen überließen, genannt. Dagegen hatten sich die verhältnismäßig Wohlhabenden unter ihnen bereits mit dem Viehhandel, den ihre eigenen Metzger ohnehin nicht entbehren konnten, eingelassen; besonders den Pferdehandel hatten sie an sich gezogen, so daß ihnen die Mark-

grafen die Stellung der Postpferde als lästige Fron auferlegen
konnten. Da die Landwirtschaft am ganzen Oberrhein damals ver=
hältnismäßig mehr Pferde zum Zug benützte als heutzutage, standen
sie mit Groß und Klein, vom Fürsten bis zum Bauern in leb=
hafter Geschäftsbeziehung, und vom Viehandel war das Darlehen,
von diesem die Überteuerung unzertrennlich. Hier waren es die
Stände, die wiederholt auf Ausschaffung der Juden drangen, in=
dem Philipp dem willfahrte, verband er eine Kreditregulierung
und zugleich eine seiner beliebten Finanzspekulationen damit. Er
befahl sämtliche Schulden an Juden binnen bestimmter Frist an=
zumelden, die Scheine einzuliefern. Die Forderungen sollten
auf ein billiges Maß zurückgeführt, die Juden abgefunden
werden — sie werden froh gewesen sein, wenigstens die Haupt=
sache herauszubekommen —, im übrigen wollte der Markgraf der
einzige Gläubiger sein und die Schulden abwickeln. Sieht man
von der Gewaltsamkeit zum Beginn ab, so wäre das ja ein ganz
modernes Verfahren; es hätte sich sogar eine Art Landeskredit=
kasse daraus entwickeln können; aber dazu waren Philipps eigene
Finanzen viel zu ungeregelt. Übrigens war die Maßregel doch
nicht ganz streng durchgeführt worden. Zwei Juden waren in
Rastatt und Ettlingen belassen worden, wie er den Ständen mit=
teilte, des Silberkaufs, des Geldwechsels und des Pferdehandels
wegen. Es waren natürlich die reichsten. Jeder zahlte jetzt 500 fl.
Schutzgeld.

Am deutlichsten, aber auch am besten durchdacht tritt dies
System der Staatsbevormundung, die einseitige Fortentwicklung
der Verwaltungsgrundsätze Christophs, in Philipps Forstordnungen
hervor, wohl den eingehendsten und sorgfältigsten, die das ganze
an Forstordnungen reiche Jahrhundert hervorgebracht hat. Das
System der Staatsaufsicht, das wir jetzt das der Beförsterung
nennen, war damals in beiden Markgrafschaften aufgekommen,
wie es seitdem mit kurzen Unterbrechungen immer gegolten hat.
Zu den Förstern der herrschaftlichen Wälder, deren Pflichten und
Befugnisse schon Christoph geordnet hatte, waren die Forstmeister
für das ganze Land getreten. Denn da die Gefahr des Holz=
mangels für die Wälder der Untertanen ebenso vorhanden sei wie
für die der Herrschaft, sollte die Aufsicht über Hauen und Räumen
des Holzes auch für die Wälder der Gemeinden und Privaten

gelten. Die Rügung in den Gemeindewäldern wird den genossenschaftlichen Beamten derselben, den Bannwarten und Waldhütern entzogen, den herrschaftlichen übertragen. Ebenso aber werden auch alle fahrlässigen Privatbesitzer zur Waldfrevelstrafe gezogen.

Die Bedingung dafür, daß ein solches System wirklich gut arbeitete, war die Zuverlässigkeit der Beamten. Noch auf Jahrhunderte hin hat man grade im Forstwesen Mühe gehabt, sie zu erreichen. Denn nirgends ist eben doch widerrechtliche Begünstigung und Durchstecherei so leicht möglich und so schwer faßbar als im Wald. Schon Nachsicht und Nachlässigkeit waren kaum etwas andres. Wo aber fast unvermittelt die Befugnis der Eigentümer so stark beschränkt wurde, was doch sicherlich mit dem Willen der wenigsten geschah, wo der Herrschaftswald mit Servituten belastet war und der Bauer es für sein gutes Recht hielt, sich seinen Anteil aus dem Walde selber zu holen, da waren die Übertretungen an der Tagesordnung. Zudem hatten bisher immer die Förster ihre Besoldung aus den Gebühren bei den Holzanweisungen an die Untertanen erhalten; es war schon ein Fortschritt, daß bereits 1553 die Murgförster (die Förster der großen Waldungen von Kuppenheim bis Gernsbach) angewiesen waren, nicht auf den armen Leuten zu liegen, sondern die Gebühren von den Gemeinden zu erheben. Jetzt nun machte Philipp II. den Versuch, der schon 20 Jahre früher (1567) in Württemberg angestellt war, die Geldbesoldung vom Forstmeister bis herunter zu den Holzmachern durchzuführen. Nur an den Rügen erhielten die Förster noch einen Anteil von nur einem Sechstel, um ihren Eifer zu spornen; sonst mußten alle Gefälle verrechnet werden wie auch alle Zehrungen. Jedes Geschenk, jede Beinutzung von eigenem Vieh und Schweinen, jeder eigene Holzhandel war verboten, zum Waidwerk mußte besondere Erlaubnis erteilt werden.

So wird das gesamte Rechnungs- und Buchungswesen geregelt. Von jener Zeit ab wird das Forstbureau das oft mißmutig ertragene, aber ebenso fruchtbare zweite Feld der Wirksamkeit für den Forstmann neben dem Walde. Schon Christoph hatte eine wechselseitige Kontrolle der Förster auf der Hardt eingeführt. Die Einführung des Forstmeisteramtes diente dann gleichem Zwecke; in der Ordnung der Murgförster etwa war bereits verfügt, daß kein Förster ohne den andern verkaufen solle, daß sie alles er-

löſte Geld gemeinſam in Empfang zu nehmen und mit den ge=
meinſam aufgeſtellten Jahresrechnungen abzuliefern haben. Dieſes
in ſeinen Erfolgen recht zweifelhafte Syſtem ſcheint man jetzt auf=
gegeben zu haben.

Jeder Förſter hat ſein eigenes, geſondertes Revier; aber für
alle Ausgaben und Einnahmen wird doppelte Quittung, vom Förſter
und von ſeinem Vorgeſetzten, erfordert. Die Anordnungen für die
Aufſtellung der Rechnungen zeigen, wieweit ſchon die Schulung
der Schreibſtube gediehen war. Man braucht ſich nur Rechnungen
und Lagerbücher des 15. Jahrhunderts anzuſehen, um zu wiſſen,
daß noch zwei Menſchenalter früher ſolche Forderungen unmöglich
geweſen wären. Das Wichtigſte iſt doch, daß jeder Verkauf, auch
der von Windfällen, genau nach Morgen, Klaftern, Stämmen ge=
bucht werden muß. So wird auch die Führung der Lagerbücher,
die genaue Beſchreibung der Gemarkungen und ihrer Lachen ge=
ordnet und ihnen ausdrücklich urkundliche Kraft beigelegt. Das
iſt freilich nur eine genauere Regelung jener „Untergänge“ ge=
ſchworner Märker, wie ſie bis in die älteſten Zeiten feſter An=
ſiedlung zurückreichen. Von hier bis zur Waldvermeſſung und zur
Revierkarte iſt noch ein weiter Schritt. Erſt das 18. Jahrhundert
hat ihn getan.

Noch kennt freilich auch die beſte Forſtwirtſchaft jener
Tage nicht einen Betriebsplan im Walde. Wie ſich der Be=
darf herausſtellt und wie ſich der Erwachs an altem Holz
zeigt, werden jedes Jahr an geeigneten Orten die Schläge
aufgetan, im Januar und Februar geſchlagen und geräumt und
der Schlag alsbald darauf gebannt und gehegt. So war es
auch in frühern Forſtordnungen, zum mindeſten ſeit Chriſtophs
Ordnung für die Hardt, nachdem man das ganz unregelmäßige
Pläntern, wie es in den Gemeindewäldern üblich war, aufgegeben
hatte. Für Baden=Baden hatte ſchon bei der erſten Einſetzung der
Forſtmeiſter 1566 Philibert das Hauen in „regelmäßigen Schlägen“
angeordnet. Aber was hieß Regelmäßigkeit ohne Vermeſſung
und gleichmäßige Einteilung? Statt auf eine genaue Ortsein=
teilung geht die Ordnung Philipps auf eine ſorgfältige Behand=
lung der einzelnen Holzgattungen aus, wozu die altübliche, be=
ſondere Berückſichtigung des Eichenholzes den Anſtoß gab. Jedes
Holz, ſetzt die Ordnung von 1587 auseinander, diene ſeinem eigenen

Zweck und sei besonders zu behandeln. Die Eichenwälder in der Ebene sind ganz zu schonen. Nach wie vor ist hier die Schweinemast, das Eckerich, die Hauptnutzung und nur ganz alte Bäume, die keine Eicheln mehr tragen, wurden geschlagen. Im allgemeinen aber sollten Eichen nur in den Gebirgstälern, wo man sie nicht anders nutzen könne, gehauen werden. Wo man Weiden in den Wald gesetzt hat an Plätzen, an denen auch Eichen stehen könnten, soll man sie durch diese ersetzen — es sind die feuchten Niederungen des Rheintals gemeint. So sucht man zu einem möglichst einheitlichen Bestandsbild zu gelangen. So war schon Christophs Ordnung im Hardtwald darauf ausgegangen, durch künstliche Verjüngung und Neupflanzung Föhren= und Eichenschläge voneinander zu trennen; auch hier hatte die Einführung oder Ausbreitung der Föhre dazu dienen sollen, den Eichwald zu entlasten. In den Tannenwäldern wird dementsprechend zu besserer Schonung verfügt, daß Zimmerholz, Sägeholz, Brennholz zu scheiden seien. Pfahlholz, Reisstangen waren nur in Schlägen, wo es unschädlich und vom Forstmeister angeordnet, zu hauen, worin wir die ersten Anfänge einer freilich noch nicht planmäßigen Durchforstung zu sehen haben. Schon früher war bestimmt worden, daß alles Werkholz, das für Wagner und Pflugmacher tauglich, vorher ausgesondert werden soll. Das Eichenholz aus bestimmten Gegenden, so vom Eichelberg, dem runden Eckpfeiler am Eingang des Murgtales, der damals seinen Namen noch mit Recht führte, müssen den herrschaftlichen Küfern zuvor angeboten werden.

Auf das Pflanzen, jedoch nur der Eichen, wozu die Dorfleute unter Aufsicht der Forstknechte angehalten werden, wird große Sorgfalt verwendet; für die Buchenwälder genügt es, etliche grade Bäume in jedem Schlage zur Besamung stehen zu lassen.

Nicht sowohl im Walde als vielmehr beim Verbrauch und bei der Verrechnung setzt die rationelle Ordnung ein. Alle Holzberechtigungen sollen revidiert, genau verzeichnet, womöglich liquidiert werden. Die Sorge vor einreißendem Holzmangel beginnt in jener Zeit die Landesverwaltungen zu ängstigen; die meisten Forstordnungen entstammen ihr; hier im Badischen wird sie ebenso durch die bisher üblichen Holzbauten der Landbevölkerung wie durch den Aufschwung des Holzhandels gefördert. Gewiß, sie schien unberechtigt, wenn man sieht, wie in den entlegeneren Wäldern die

Verwüstung durch Pottaschensieder und Harzer, die diese Forstord=
nung beklagt, ohne sie abstellen zu können, im Schwunge ist; aber
sie war für die bequemer gelegenen, immer wieder in Anspruch
genommenen Wälder wohlberechtigt. So ist denn Sparsamkeit,
die erste Stufe wirtschaftlicher Einsicht, ehe man auf einer höheren
auch zu wirtschaftlicher Kraft gelangt, angezeigt. Alle Neubauten
auf dem Lande unterstehen dem Rat, Wissen und Willen der Amt=
leute. Schon 1566 waren Baubeseher eingeführt worden und die
Holzabgabe aus den Herrschaftswäldern, wo Servituten vorhanden,
von ihrer Schätzung abhängig gemacht. Auch wo die Gemeinden
Wälder mit eigenem Bauholz haben, soll aber jetzt der Amtmann
die strengste Baupolizei üben, „damit auf dem Land nicht so köst=
lich, sondern nur Erdhäuser zu ziemlicher Notdurft und, wo es
sein kann, mit Steinen und stets mindestens drei Fuß hoch, ge=
baut werden". Eine Aufsicht über die Feuerstätten mit jährlicher
Visitation war ohnehin, um die Brände zu vermindern, schon durch
die Landespolizeiordnung eingeführt. Die Anweisung des Brenn=
holzes aber, nachdem der alte Gebrauch, das vom Wind geworfene
Holz dafür zu nehmen, der Schlagwirtschaft gewichen war, wird
ebenfalls nach Schätzung den ganzen Gemeinden angewiesen.

     Der Holzhandel hatte in diesen Jahrzehnten einen raschen
Aufschwung genommen. Christoph hatte einst in ihm das beste
Stück des Landesreichtums erkannt. Unter ihm war nach dem
Ideal der Preisbildung, das wir bei Betrachtung der Gewerbe
noch genauer kennen lernen werden, in der Form der Taxe mit
genauer Berücksichtigung aller aufgewendeten Arbeitskosten von
der großen Genossenschaft der Murgschiffer der Bauholzpreis für
alle einzelnen Plätze des Oberrheins bis Mainz reguliert und die
Bordholzlieferung durch Verträge mit den Städten und Herrschaften,
so durch den immer wieder erneuerten Pfeddersheimer Vertrag, fest=
gestellt worden. Aber auch die weitere Ausfuhr über Mainz
hinaus hatte Christoph im Auge behalten. Wir besitzen noch den
erregten Brief, den er an seinen Freund Kurfürst Philipp schrieb,
um die von den rheinischen Kurfürsten beabsichtigte Erhöhung der
Rheinzölle auf Holz zu hintertreiben; denn sonst würde es mit
dieser letzten Ware so gehen wie bei Menschengedenken mit den
oberländischen Weinen, die vom Rheine abgetrieben worden seien.
Nicht überall hatte er freilich hier die Verkehrsfreiheit gefördert:

Das Statut der Pforzheimer Flößer, das er zwar nicht gegeben, aber bestätigt hatte, war nichts weniger als frei, sondern vielmehr darauf bedacht, in der Stadt, die die drei Schwarzwaldflüsse, welche zu den reichsten Holzgebieten führen, beherrscht, den Holzhandel zu konzentrieren und ihn den württembergischen Nachbarn abzustricken.

Seitdem hatte sich die Murgschifferschaft mächtig ausgedehnt, sie empfing eben damals unter dem Vorstand der Genossenschaft, dem Hauptschiffer Jakob Kast, ein neues Gepräge, das des Monopols, wie zu gleicher Zeit der Wollhandel, nur daß hier ein einzelner, zugleich rücksichtsloser und hochbegabter kapitalistischer Unternehmer ohne Staatsunterstützung seinen Willen durchgesetzt hatte. Nicht ohne Widerstreben der Genossen, die doch von dem Großunternehmer nicht loskommen konnten und schließlich nur in ihrer Unabhängigkeit Schaden litten, in ihrem Wohlstand aber voran kamen, geschah dies. Der Kreis des Einkaufs aber erweiterte sich; auch in Straßburg, dem Endpunkt und der Beherrscherin der Kinzigflößerei, hatte Jakob Kast von Hörden festen Fuß gefaßt und Mainz abwärts bis in die Niederlande gingen seine Flöße; das badische Zollregister jener Tage zeigt, wie daneben aller andre Verkehr auf dem Strome zurücktrat. Von seinem prächtigen Hause in Gernsbach aus, das als eine der reizvollsten Schöpfungen der deutschen Renaissancebaukunst noch heute von dem guten Geschmack des alten Hauptschiffers zeugt, leitete er den westdeutschen Holzhandel.

Sein Beispiel muß höchst aufregend gewirkt haben. Anteil zu nehmen am Holzhandel, wenigstens bis Steinmauern, dem Einbindeplatz an der Mündung der Murg, wo die großen Rheinflöße zusammengestellt wurden, wurde jetzt die beliebte Spekulation. Die Stadt Baden, die von jeher eigenen Holzhandel aus ihren großen Waldungen trieb, den ihr Christoph in seinem Freiheitsbriefe bestätigt hatte, dehnte ihn aus und richtete ihre Forstverwaltung etwa gleichzeitig mit der allgemeinen Forstordnung neu ein. Dementsprechend steigerte sich auch der alte Zank mit dem Kloster Lichtenthal, der Familienstiftung der Markgrafen, das für seine Hintersassen im Dorfe Beuren seine Holzrechte in der gemeinen Mark — denn eine solche war doch der Stadtwald ursprünglich — immer weiter ausdehnte. Die waren alle Kübler und Schnitzler und schienen dem gestrengen Stadtrat von jeher als Eindringlinge, die sich die besten Bäume, für die man doch jetzt einen stattlichen Erlös erzielen konnte, aus dem Walde holten. So taten auch andre Gemeinden, die über eigene Wälder verfügten, und mancher, der es einmal mit dem Glück versuchen wollte, ging mit dem Floß, an dem er Teil und Gemein hatte, zu lustiger aber nicht immer erfolgreicher Reise abwärts, etwa wie damals in der großen Rheinstadt Köln jeder einmal gelegentlich Weinhandel trieb und Ausflüge, halb Vergnügungs=, halb Geschäftsreisen zum Einkauf an die Mosel, zum Verkauf in die Niederlande unternahm. So fing die Spekulation an zu rütteln an der uralten Wirtschafts= weise, die im Wald nur die Allmende sah, welche mit Eckerich, Weide und Beholzung nach Maßgabe des Bedarfs der einzelnen Mark= genossen genützt wurde.

Die Regierung aber wollte wohl den Verkauf, nicht aber die Spekulation. So klagte denn die Forstordnung, daß das Holz= gewerbe durch unmäßiges Fällen die jungen, angehenden Wälder schändlich verderbe. Ein besonderes Ärgernis war ihr, daß so viele das Holz auf dem Stamm an Ausländer verkauften. Dazu aber würden ihrer viele befunden, die um Faullenzens und Schlemmens wegen, ihre eigenen Güter und ehrlichen Handlungen ganz verließen, sich des Holzgewerbes und Flößens annähmen mit ihrem eigenen Verderben, während Weib und Kind hungerten und die Güter ungebaut stünden. Da sollte nun die Staatsaufsicht helfen: Kein Untertan oder Schirmverwandter, der eigene oder Lehenwälder habe, solle eigenmächtig In= oder Ausländern Holz verkaufen, alle bestehenden Kontrakte wurden hiermit aufgehoben, alles Schlagen und Flößen wird auf die Mengen beschränkt, die von einer staatlichen Kommission, nach Gelegenheit der Wälder, jährlich festgesetzt wird. Pfahlholz darf nur aus den bestimmten Schlägen gehauen, nur in die Städte und Flecken des Fürsten= utms geflößt, unterwegs das Floß nicht aufgebrochen werden. So hofft man dem Fürkauf zu steuern; denn hier wie überall suchte man den Kauf aus der Zwischenhand zu verhindern; dafür waren ja die fürstlichen und städtischen Holzhöfe und ihre Kontrakte da, um das Holz zu gewissem Preise in die Hände der Verbraucher über= zuleiten. Aber auch die großen Eigenverbraucher sucht man im Zaum zu halten. Gutes Bau= und Bordholz, von Tannen, war im westlichen Deutschland eben nur im Schwarzwald bequem zu

haben, von den Zeiten an, da das conterbernium nautarum an
der Alb dem Neptunus seinen Votivstein setzte und die Riesen-
pfähle zum Bau der Mainzer Brücke hinabflößte. So war es
denn gebräuchlich, daß zu großen Gebäuden die Städte und Fürsten
auf dem Schwarzwald in einer großen Bestellung das Holz
auf dem Stamm kauften. Auch solcher Kauf der Fremden wurde
von besondrer Erlaubnis der Herrschaft abhängig gemacht. Nach
Einführung der staatlichen Forstaufsicht verstand sich das zwar
eigentlich von selber; aber es war doch rätlich, den allgemeinen
Grundsatz in jedem Einzelfalle noch besonders einzuschärfen.

Rechnen wir auch, daß die schroffsten Bestimmungen mehr
Vorsätze blieben als Tatsachen wurden, so bedeutet die Forstordnung
Philipps dennoch in allen Punkten einen großen Fortschritt.
Und doch sehen wir nur zu gut, daß für den Markgrafen selber das
alles nur ein Nebeninteresse ist, überwogen von dem einen be-
herrschenden, dem an der Jagd. Die Beschränkung der Bauern-
jagd ist in ihr auch auf alle Vögel ausgedehnt; Krähen= und
Lerchenfänger müssen wenigstens weit vom Dohnenstrich ihre Netze
ausschlagen. Schwere Leibesstrafe ist jedem Frevler angedroht.
Besonderes Mißtrauen wird den Hirten und ihren Hunden entgegengebracht. Keine Gemeinde darf einen Hirten ohne Wissen
des Forstmeisters bestellen. Das übrige aber sagen die Landtags=
beschwerden; sie wiederholen verstärkt die früheren Klagen: Im
unteren Murgtal war der Ackerbau durch den Wildschaden ganz
unergiebig geworden. Aber auch den Dörfern im Ried mußte die
Bede auf die Hälfte der früheren gesetzt werden, weil die Äcker
größtenteils zu Wald geworden waren. Der Rhein, der in diesen
Jahren halbe Gemarkungen wegriß, in der Ebene, das Wild in
den Tälern, sind die beiden großen Schäden des Landes.

Eine Staatsgängelung, wie sie Philipp, so weit er vermochte,
in seinem Ländchen durchführte, war nur möglich, wenn er die Unter-
tanenschaft selber nach Kräften beisammen hielt. Die neue Landes=
ordnung, in der er wie einst Christoph seine Maßregeln zusammen=
faßte, enthielt das Verbot, Ausländern liegendes Gut zu verkaufen.
Ausländer, die zur Zeit solches im Lande besitzen, müssen es sofort verkaufen, widrigenfalls es ihnen binnen Monatsfrist, und zwar
nach einem Anschlag der Regierung versteigert wird. Fällt ihnen
durch Erbschaft solches zu, so bekommen sie wenigstens zwei Jahre

Frist. Der freie Zug war außer den Bürgern der Residenz jetzt
völlig gesperrt. Die südlichen Vogteien, Bühl, Kroschweyer, die
von jeher Freizügigkeit mit den Untertanen der Landvogtei Ortenau
und den Reichsleuten gehabt hatten, beschwerten sich bitter und
blickten neidisch auf die Freiheit jenseits der Grenze. Gegen die
Durlacher Vettern aber ward schon der religiösen Verschiedenheit
wegen die Grenze jetzt unübersteiglich gemacht. Wir sahen schon,
wie auch religiöse Gründe mitwirkten, den Leibeigenen alles Aus-
heiraten zu verbieten. Denen, welche den Abkehrschein erhielten,
wurde das Abzugsgeld sehr erhöht; denen aber, die „entlaufen",
das heißt ohne Erlaubnis sich aus dem Land entfernen, sollen
alsbald Weib und Kind nachgeschickt werden mit der Weisung, sich
nie mehr im Lande blicken zu lassen. Auch hier aber wird an
Stelle der vielen, oft von Ort zu Ort verschiedenen Leibeigen-
schaftsrechte eine einheitliche Ordnung durchgeführt: Der Todsfall,
immer die wichtigste Leibesabgabe, wird für Kinderlose und die,
welche wenige unversorgte Kinder zurücklassen auf 2½% festgesetzt.
Mit der Zahl der unversorgten Kinder findet eine steigende Er-
mäßigung der Abgabe bis zu 1% statt.

Alles in allem war das eine Erhöhung, die zu Klagen Anlaß
gab. Doch sie verschwand gegen die Finanzkünste, deren sich dieser
erfindungsreiche Fürst im übrigen bediente. Er hatte sie nur zu
nötig. Er war jung, geistreich, lebenslustig, mit großen Plänen im
Kopfe. Er wollte leben und genießen. Der Hof wurde eingerichtet, wie
er es etwa bei den nahverwandten Wittelsbachern gesehen; er wollte
die Welt sehen und konnte das nur als großer Herr tun. In
Rom, wo man sich über einen so eifrig katholischen Reichsfürsten freute und über den Umfang seiner Macht nicht recht
im klaren war, knüpfte er Beziehungen, die für seine weitere
Laufbahn wichtig werden konnten. Er war ein erklärter Liebling
Papst Sixtus V., des großen Menschenkenners, der offenbar in
ihm einen der wertvollsten, neu heranwachsenden Kämpfer der Gegenreformation erblickte. Wirklich erlangte er in Rom etwas, was
nur in den seltensten Fällen gewährt wurde. Das Kloster
Schwarzach, dessen Vogt doch der Markgraf nur war, mit dessen
Abt noch soeben ein langwieriger Zwist geherrscht hatte, wurde
Philipp eingeräumt, um mit seinen großen Einkünften das Priester-
seminar zu fundiren. So viel wichtiger erschien jetzt, und gewiß

mit Recht, dieses als eine der alten Benediktinerabteien. Freilich hat
hinterher das Reichskammergericht, nachdem schon die Schwarzacher
Klosteruntertanen unablässig bei den badischen Landständen ihre
Beschwerde auf Wiedereinsetzung eines Prälaten angebracht hatten,
die Einziehung wie das unberechtigte Eingreifen des Papstes für
ungesetzlich erklärt und rückgängig gemacht. Auch erfreute Philipp
in Rom durch jene respektvoll=erbauliche Frömmigkeit, die dem
Jesuitenschüler eigen ist, und beim Hochamt diente er als
Ministrant zugleich mit einigen bekehrten japanischen „Prinzen“.
— Man sieht: die „Daimios“ schätzten sich schon damals hoch
ein und rangierten mit dem deutschen Reichsfürsten.

Dann trieb ihn der Wunsch, fremde Höfe kennen zu lernen, nach
Frankreich. Die Stadt Baden klagte auf dem Landtag, daß er
ihre Kasse als Reisegeld mitgenommen — er selber sagte: entlehnt
habe. Das Jahr 1584 führte ihn nach Brüssel; alles wies ihn
auf engen Anschluß an Spanien hin, und wohl nicht mit Unrecht
hoffte er, dort sein Glück machen zu können. Dorthin schickten ihm
die Räte einen der Ihren mit einem gemeinsamen Schreiben nach,
das in das Verhältnis der Fürsten jener Zeit und ihrer Berater
einen merkwürdigen Einblick gewährt: Mit bureaukratischer Um=
ständlichkeit, als ob sie annähmen, daß ihn am Brüsseler Hofe
wirklich solche Dinge interessierten, unterrichten sie ihn über allerlei
Kleinigkeiten der Verwaltung und Justiz, halten ihn bei der Lektüre
durch Nachrichten über den Fortgang der Malereien im Schloß fest
und geben ihm die erfreulichsten Berichte über die Erfolge der
Gegenreformation in Baden; überraschend schnell habe sich das
Volk wieder an katholische Sitte gewöhnt, zeige sich dabei ganz
gottesfürchtig und andächtig, so daß der Mangel nur noch bei den
Geistlichen stehe, die freilich schier mehr weltlich denn geistlich sein
wollen. Leise entschuldigen sie, daß sie etwas stärker Wild ab=
schießen lassen. Sie gaben damit jedenfalls dem Wunsch der Unter=
tanen nach, führen aber zu ihrer Entlastung an, daß es sonst doch
nur den Ausländischen in ihre Jagden laufe. — Das Wild hatte
eben kein Verständnis für ausschließlich baden=badische Landes=
politik. Geflissentlich heben sie ihre Sparsamkeit hervor. Die
Kanzlei sei noch nie so schwach besetzt gewesen: 7 Räte, 3 Sekre=
täre, je 1 Registrator, Renovator, Kammerschreiber, 2 Ingrossisten;
so haben sie auch die ständige Hofdienerschaft auf 14 zurückgebracht

— und dennoch wachsen die Schulden. Es sind wieder 30000 fl.
unbedingt nötig; und neue Anleihen zu machen ist, wie jetzt der
Weltlauf ist, fast unmöglich. Die Straßburger Firmen wie die
Fugger versagen, sie wollen weder mit, noch ohne Bürgschaft
leihen, sondern verlangen Pfandbestellung und Verschreibung von
Adel und Ständen, auch dann aber nicht mehr zu 5%, sondern zu
8 ja 10! Damit kommen sie zur Hauptsache, zu den scharfen Er=
mahnungen. Etwa 300000 fl. Schulden, die die Stände übernommen
hatten, hatte er bei seinem Regierungsantritt vorgefunden, in
6 Jahren hat er 240000 fl. neue gemacht — übrigens hat er es
in den weiteren vier Jahren seines Lebens auf über 800000 fl.
gebracht. Was solle ein Marstall von 60 kostbaren Pferden, die
zu erhalten allein 8000 fl. koste, wenn sie doch nur unnütz auf
der Streu stünden, indes er in der Welt herumreise? Wie oft
hätten sie ihn ermahnt, sich wie andere benachbarte Reichsfürsten
seinem Einkommen gemäß zu halten und daheim zu bleiben, was
mehr Nutz als alle seine Reisen schaffen werde. So spielen sie
ihren letzten Trumpf aus: Nicht nur ihm, sondern der ganzen
Markgrafschaft hätten sie gelobt und geschworen; darum böten sie
ihm insgesamt ihre Entlassung an, da sie die Verantwortung und den
Unglimpf nicht tragen könnten. Das erfordere ihre Pflicht und Ehre.

Und Philipp? — Mit der unverwüstlichen, vornehmen Heiterkeit,
— fast möchte man sagen: mit der Künstlernatur wie er sie besaß,
dankte er für ihre Aufrichtigkeit und gab die Entlassung nicht. Ob es
aber für die Finanzen des Landes so viel besser gewesen wäre, wenn
er daheim geblieben wäre, mag man wirklich bezweifeln. Denn
dort stachelte ihn die Baulust, das Erbteil, das diese Fürsten der
Barockzeit von denen der Renaissance mitbekommen hatten. Das
ist sicher: er ist der beste Kunstkenner und begeistertste Kunstfreund
unter den badischen Markgrafen gewesen. Das neue Schloß in
Baden=Baden legt noch in seiner Verunstaltung wenigstens durch
seine Ausstattung davon Zeugnis ab; besseres aber die prächtigen
Grabmäler, die er durch Meister Hans von Trarbach in der Stifts=
kirche errichten ließ. Zugleich ließ er in Rastatt ein Schloß er=
bauen — er entzog dazu der Dorfschaft ohne weiteres nicht
weniger als 30 Morgen ihrer Ackerflur; ein befestigtes Haus in
Stollhofen folgte; dazu ein Jagdschloß in Scheibenhardt mit einem
neuangelegten See, über den die ganze Umgegend klagte.

Da galt es die Fronden aufs äußerste anspannen. Unumwunden gab er dem Landtag zu, daß das Land ausgemergelt sei durch diese Bauten, daß wegen der Frondfuhren die Güter nicht mehr genügend gebaut werden könnten; jedoch 30 Frondfuhren gebührten sich für jeden Untertan. So wolle er denn statt dessen eine Steuer in Geld und Hafer erheben, wobei er sich ausrechnete, daß er die Hälfte der Kosten trage. Noch aber war bis tief ins 18. Jahrhundert die Naturalfrond dem Bauern überall lieber als eine Geldzahlung. Und nun folgte eine neue Steuer der andern, immer von ihm so eingerichtet, daß er die Stände nicht zu befragen brauchte. Er besann sich auf alle seine Regalien oder was er dafür hielt, und immer suchte er dem Mandat einen schönen Anstrich zu geben: Zu dem Wollmonopol trat jetzt das Salzmonopol; dem nächsten Landtag wurde klar gemacht: Nur die Fürkäufer trügen den Schaden, für das Land seien die Salzkammern eine Wohltat, wenn sie erst ganz durchgeführt wären. Der Trottwein wurde verdoppelt, von zwei auf vier Ohm vom Fuder. Der Landtag beschwerte sich: Der arme Rebmann werde mit zwei Ruten geschlagen, da die Herrschaft gar nicht einmal die Keltern herstellen lasse, sondern dazu nur die Gemeinden veranlasse. Die Regierung wies dagegen auf die Vorteile der vortrefflichen neuen Trotten hin. Das Ungelt wurde verdoppelt, der Landzoll um ein Drittel erhöht. Philipp erläuterte: Man sei schon lange bei den Reichstagen darum vorstellig geworden — denn eigenmächtige Zollerhöhungen konnten sich wohl Kurfürsten und große Herren wie Maximilian von Bayern, aber nicht jeder kleine Landesfürst erlauben —, nur hatte er eben die nie erfolgte Bewilligung kühn antizipiert. Hier jammerte der Landtag: „Daheim sei wohl die Vermehrung des Ungelts herrlich und gut anzusehen, und niemand sollte ihm widerstreben; jedoch die Fremden zu Roß und Fuß und Wagen, die sich zuvor durch die Markgrafschaft wegen guter Traktation und leidenlicher Zehrung zu kommen gefreut, beklagten sich über die Steigerung mit lästerlichen Schwüren: es könne kein ehrlicher Mann mehr um sein ziemlich Geld genug trinken und zehren. Die Wirte jenseits des Rheines aber wiesen auf die teuern badischen Preise höhnisch hin, und auch sie selber fürchteten, daß Baden tamquam abominabile malum von allen Fremden werde gemieden werden." Namentlich Rastatt

beklagte den Verlust seines ganzen Weinhandels. Man könnte
die Liste leicht vermehren; aber sie lehrt genügend den Zustand
des Landes kennen.

Man kennt Fürsten dieser Art zur Genüge aus dem 18. Jahr=
hundert; es verlohnte wohl, einen Mann dieser Art im aus=
gehenden 16. Jahrhundert ins Auge zu fassen. Er starb plötzlich,
noch nicht 30 Jahre alt, im Juni 1588, noch ehe er seine Ver=
mählung mit Sibylle, der Schwester des letzten Herzogs von Jülich=
Cleve, vollzogen hatte. Sie hätte ihm neue Mittel, größere Aus=
sichten eröffnet; das Glück, auf das er baute, trog ihn. Aber er
muß doch einen eigenen Reiz auf die Geister ausgeübt haben: Der
Mann, der in allem sein Gegensatz war, und der die Mark=
grafschaft nach Verdrängung der baden=badischen Linie zu behalten
trachtete, Georg Friedrich, hat ihm eine überschwänglich lobende
Grabschrift setzen lassen, in der er den Verdacht der Schmeichelei
weit ablehnt. — Ihm kann man das schon einmal glauben.

Die Markgrafschaft aber kam nicht mehr aus der Zerrüttung
heraus. Philipps Tod gab im ganzen Land das Signal, die
Steuern zu verweigern. Jede Stadt und jedes Amt hat andre
Wendungen, aber alle kommen darauf hinaus, was Ettlingen
schrieb: „In 7 Jahren sei kaum einmal Rechnung gelegt; sie
müßten erst wissen, wie es mit der Untertanen sauer erspartem
Schweiß und Blut zugegangen, ehe sie weiter zahlten.“ Die Räte
in ihrer Verzweiflung beriefen einen Landtag aus eigener Macht=
vollkommenheit. Seit vier Jahren hatte Philipp keinen gehalten,
sondern nur einmal die Beschwerden einsammeln lassen, um sie
nicht zu beachten. Sie vergaßen nicht, den Amtleuten zu empfehlen,
darauf zu sehen, daß ruhige Leute, je vier aus jedem Amt, zwei
vom Gericht, zwei von der Gemeinde gewählt würden, nicht Rädels=
führer. Sie bekamen wenig mehr zu hören als Vorwürfe und die
lange aufgesammelten Beschwerden. Bald mußten sie erfahren,
daß die Stände von sich aus geheime Verhandlungen pflögen,
einen gemeinsamen Anwalt bestellten, einen Dr. Greiß in Straß=
burg, und daran dachten, dem neuen Landesherrn, der unter den
Erben noch nicht genau bestimmt war, ihre Bedingungen vor An=
tritt der Regierung zu machen. Nur wenige vorsichtige Leute waren
der Meinung: „Neue Herren seien ohnehin geneigt, ihre Unter=
tanen zu hören; sie würden sich nur in Ungnade begeben, und

es sei zu fürchten, daß sie im Streben nach allzuviel Freiheit
sich nur ein schwereres Joch auferlegten". Es waren die, welche
noch Erinnerungen an den Bauernkrieg und seine Folgen fest=
hielten, auf den man auch ausdrücklich verwies.

Bald sollte man den neuen Herrn kennen lernen, nachdem
er sich endlich über die Erbfolge mit seinen Brüdern geeinigt.
Eduard Fortunatus, aus der luxemburgischen Linie des Hauses,
war recht eigentlich ein Abenteurer, groß geworden in den wirren
schwedischen und polnischen Zuständen, ein unsteter Parteigänger,
gelegentlich auch ein Finanzspekulant; die Maßstäbe von dem, was
erlaubt, ebenso wie von dem, was möglich sei, waren ihm abhanden
gekommen. Er ging durch das Leben als ein Glücksritter, und
selbst wo er einer edleren Neigung folgte, wie bei seiner ro=
mantischen Ehe, verführte sie ihn zu unüberlegten Schritten und zu
unwürdigem Gaukelspiel. Er nahm die Erbschaft Philipps an
wie ein anderes Abenteuer auch, ohne daß er gesonnen war, zu=
gleich mit ihr die mindeste Verantwortlichkeit zu übernehmen.

Einen unruhigeren Landtag als den von 1589 hat die Mark=
grafschaft nicht gesehen. Nicht mit beruhigenden und ermunternden
Worten, mit denen doch sonst jeder neue Fürst, zumal ein von
der Fremde kommender, einen guten Eindruck zu machen sucht,
sondern mit einer turbulenten Proposition voll Klagen und
Drohungen eröffnete ihn der Markgraf: Als er zuerst von dieser
Schuldenlast gehört, habe er es für einen Vorwand andrer Leute
gehalten, ihn vom Antritt einer solchen Erbschaft abzuhalten, aber die
Wirklichkeit habe alle seine Befürchtungen übertroffen. Philipp
habe gar kein Recht gehabt, solche Schulden zu machen ohne Be=
willigung der Agnaten, und er habe keine Verpflichtung, für sie
einzutreten, wohl aber die Landstände, die sich leichtsinnig, ja
pflichtwidrig in Bürgschaft begeben hätten. Aus Mitleid und Er=
barmen wolle er einen Teil übernehmen, also mit seinem Land
und seinen armen Leuten entweder zu genesen und zu leben, oder
zu sterben und zu verderben, aber sie müßten das Beste tun.
Das war die Einleitung zu der Forderung, daß sie 600000 fl.
übernehmen sollten, der einzige Weg für die Landschaft, „die sonst
aus diesem Sumpf nicht auswaten, sondern in Grund sinken
und mit Weib und Kind von Haus, Hof und Land aus=
laufen müßte". Das Bild schöner Eintracht und geordneter

Finanzen unter tätiger Beteiligung der Stände, wie es die andre
Hälfte der Markgraffchaft, Baden-Durlach, zeige, wird als Muster
vorgeführt —; es sollte bald verführerischer werden, als sich Eduard
Fortunat hier vorstellt. Ein ewiger Schandfleck würde es für
sie sein, wenn sie ihren unschuldigen Fürsten von ungestümen
Gläubigern seines Einkommens berauben lassen.

Nichts aber wollten die Stände bewilligen, ehe alle Beschwerden
abgestellt seien. Immer heftiger wurden die Debatten, bis der
Markgraf erklärte, er ziehe jedes Versprechen zurück, überlasse das
Weitere Gott und der Reichsexekution, werde aber auch keinen
Finger rühren, um sie davon zu erretten. Man kam schließlich
auf eine neue, erhöhte Steuer überein. Die Stadt Baden aber,
immer gereizt über die Verletzung ihrer Privilegien, trat wieder
zurück. Man hatte sich nur zu rasch überzeugt, daß jede Gewähr
der richtigen Verwendung fehle. Ohne den Regierungs- und Gesetzgebungseifer Philipps überbot ihn Eduard in Leichtsinn. Wir
brauchen hier nicht die einzelnen, ergebnislosen Landtage und ihre
heftigen Verhandlungen zu verfolgen, nicht die Maßregeln, mit denen
der Markgraf sich noch ein paar Jahre dem unausbleiblichen
Bankerott entzog. Er suchte bei seinen Verwandten, Ernst Friedrich von Baden-Durlach und Herzog Wilhelm von Bayern, Rück-
halt. Um Schlimmerem zuvorzukommen, ließen sich die beiden
mehreremals ihrerseits die Vollmacht zur Reichsexekution erteilen
— um sie nicht zu verwenden. So rasch und oft wie möglich verschwand Eduard aus der Markgraffchaft, namentlich nach jedem
Landtag, bald hier, bald da suchte er sein Vergnügen, am liebsten
als Parteigänger, später auch als Söldnerführer am Brüsseler
Hofe. In der Zwischenzeit überließ er dann dem Durlacher die
Regierung und die vergeblichen Unterhandlungen mit den Ständen.

Auf einer dieser Reisen ging er, dessen Hoffnung allenfalls
noch auf einer reichen Heirat wie die Philipps gestanden hätte,
die Liebesehe mit einer niederländischen Dame, Maria von Eicken,
ein, die er in seiner zerfahrenen Weise zu verheimlichen, abzu-
leugnen, dann als gültig und ebenbürtig durchzusetzen suchte.

Erst jetzt änderte sich Ernst Friedrichs Verhalten. Er hatte,
als nun doch die Reichskammergerichtsexekution drohte, von dem
längst erteilten kaiserlichen Mandat, welches ihm einen festen Rechts-
boden gab, Gebrauch gemacht, und nicht mehr im Auftrag seines

Vetters, sondern im Sequester, zum Zweck der Schuldenregulierung, die Verwaltung übernommen. Von jetzt ab aber ging seine ganze Absicht dahin, durch Anfechtung der Ebenbürtigkeit der Kinder Eduard Fortunatus, die Markgrafschaft wieder zusammenzubringen.

Die bitterste Feindschaft mit jenem war unausbleiblich. Mit einem Hilfsmittel, das in jenen Tagen in Ost= wie Westeuropa nur zu gebräuchlich war, durch Anstiftung eines Attentates, suchte Eduard Fortunat sich zu rächen. Er fand einige Helfer in seinem Lande; aber im ganzen atmete die geängstigte und gedrückte Be= völkerung auf. Schon auf einem Landtag von 1593 wurde eine sehr verständige Schuldenabteilung, ein Verzinsungs= und Tilgungsplan vorgelegt und gebilligt. Von den mehr als 900,000 fl. Schulden brauchte die Landschaft schließlich doch nur 400,000 fl., samt den versessenen Zinsen, auf sich zu nehmen, die nach ihrer Leistungs= fähigkeit auf die einzelnen Ämter umgelegt wurden. Die Mittel zu Verzinsung und Tilgung wurden leicht genug, ohne Erhöhung der direkten Steuern, durch eine Steigerung des Maßpfennigs, der Getränkesteuer und durch eine Gebühr 1 Kreuzer vom Gulden, auf Getreide, das ins Ausland verkauft wurde, beschafft. Ernst Frie= drich konnte betonen, daß er dafür alle neuen Auflagen Philipps II. nachgelassen habe. Schon im nächsten Jahr konnte er dem Land= tag mitteilen, daß er zu einem endgültigen Austrag mit allen Gläubigern gelangt sei. Sie hatten sich mit einem normalen Zins= fuß begnügt, froh genug, so aus dem üblen Handel herauszukommen.

Aber nicht um diese Regelung der inneren Verhältnisse handelte es sich jetzt noch in erster Linie. Die Frage, wer der Herr der mittleren Markgrafschaft sein solle, wurde zu einer jener immer verschobenen, durch die Parteigruppierung im Reiche immer schwieriger zu lösenden, die diese Jahrzehnte des Wartens, Zauderns, der end= und ergebnislosen Verhandlungen vor dem Dreißigjährigen Krieg ausfüllen. Eduard Fortunat selber ging in seinem wilden Abenteurerleben unter; seine Rechte vererbten sich auf seinen Sohn Wilhelm, eine ganz anders geartete, stille Natur. Aber hinter diesem standen die Bayernherzöge, stand das katholische Interesse. Denn wenn auch die Durlacher Markgrafen an dem Religions= zustand, den sie vorfanden, nichts ausdrücklich änderten, auch dies zu tun nicht wohl hätten wagen können, so hatte doch bisher die Gegenreformation in Baden=Baden zu wenig feste Wurzel ge=

schlagen, als daß nicht die Freistellung des Bekenntnisses den Ein=
fluß der immer eifriger protestantisch werdenden Nachbarbevölkerung
von Baden=Durlach hätte vermehren müssen.

So wurden die Markgrafen auf die Seite des entschiedensten
protestantischen Interesses gedrängt. Ihre eigene Neigung kam
dem entgegen. Sie erfüllten sich mit einer Überzeugung von einer
Stärke und Unbiegsamkeit, wie sie in diesem Zeitalter schlaffer
Naturen selten waren. Ihr gutes Recht auf die ganze Markgraf=
schaft gehörte mit zu diesen Überzeugungen. Sie wußten, daß sie
früher oder später in die Lage kommen würden, dies zu ver=
fechten. Sie brachten diesem Ziele und dieser Vorbereitung der
Zukunft das Opfer, selbst territorialer Einbuße, vor allem schwerer
Lasten, die auf die Steuerkraft der Untertanen gelegt wurden. Die
Allein sie hatten diese selber unbedingt zuverlässig hinter sich. Die
Verhandlungen aller weiteren Landtage bezeugen es. So trieben
sie der großen Katastrophe des Dreißigjährigen Krieges entgegen,
die alle ihre Bemühungen scheitern ließ.

Von diesen Durlacher Markgrafen selber sei hier nur weniges
bemerkt, nachdem wir die Schicksale eines Kleinfürstentums jener
Tage an der baden=badischen Landschaft verfolgt haben. Wir sahen
schon: Keinen von ihnen trieb es nach außen. Baden=Durlach sah
seine Fürsten als sorgliche Hausväter bei sich altern. Unter den
Söhnen fehlte es wohl auch hier nicht an unruhigeren Köpfen.
Wir haben einen Brief des Markgrafen Ernst an den Rat von
Basel, in dem er ihn vor einem seiner Söhne warnt und sie auf=
fordert, ihm nichts auf sein Vorgeben, daß er Rötteln=Sausenberg
erben werde, zu borgen, in dem er aber zugleich die Nachsicht, die
er gegen den Enterbten lange geübt, schildert — ein Bild der
strengen Zucht, die in diesem Hause herrschte. Er hat ihn dann
trotzdem zu Gnaden angenommen; jedoch starb dieser Sohn, der
wohl mittlerweile gezähmt war, fast gleichzeitig mit dem Vater. An=
schaulich hat der Pommer Sastrow Ernst geschildert an seinem ehr=
baren Hofe, wo der alte Herr selber in Küche und Keller gelegentlich
zum Rechten sah und mit humorvollem Gleichmut die Hofdiener
beschämte, wenn sie wieder einmal sich auf der unausrottbaren
Gewohnheit in der Küche zu stehlen, ertappen ließen (1527—1553).

In diesem stillen Dasein schienen selbst die weltbewegenden
religiösen Gegensätze sich abzuschwächen. Ernst war entschlossen,

ohne Reich und Konzil nichts in Religionssachen zu ändern, er gehörte zu jenen wohlmeinenden Landesfürsten, die auf diese Aussicht beständig hofften, und gab in diesem Sinne seine gutmütig, lehrhaften Instruktionen seinen Gesandten mit. Aber in diesen betonte er auch, daß die Vermengung der beiden Schwerter die Ursache alles Übels sei, und er nahm für sich das Recht der strengen Sittenaufsicht über die Geistlichkeit in Anspruch. Die Priesterehe aber duldete er; indem er nicht gerade sie selber, wohl aber die ihr entsprossenen Kinder legitimierte. Da allmählich wie überall die katholische Geistlichkeit auf eine immer unzureichendere Anzahl zusammenstarb, so ergab es sich von selber, daß immer mehr Pfründen eingezogen wurden, auch einmal ein Kloster, das in Nimburg in ein Spital verwandelt wurde; aber in Pforzheim blieben einstweilen die Klöster, das große Spital, von Christoph seiner Zeit neugeordnet, für die Stadt und die ganze Landschaft von hoher Wichtigkeit, wurde auch jetzt noch nicht aus dem Verband des heiligen Geistordens gelöst, obwohl er seinen Meister im Ausland, in Stefansfeld im Elsaß, hatte.

So kam der alte Herr zu einem Standpunkt der Toleranz, wie er dem späterer, ruhiger Zeiten ziemlich entsprach, damals aber nicht mit Unrecht, als ein Zeichen von Unentschlossenheit bespöttelt wurde. — „Er fiel bald ins Wasser, bald ins Feuer", hieß es in einer Satire —; denn auch die Toleranz haben in den heißen, geistigen Kämpfen jener Tage, die Menschen sich selber abringen und ihre Geltung erkämpfen müssen, damit sie wertvoll werde. Von seinem kleinen Ländchen aus, wo ihm die Toleranz des Gehenlassens Frieden und Zufriedenheit verbürgte, hat Ernst unmittelbar vor dem Ausbruch des Schmalkaldischen Krieges für den Reichstag von 1546 eine Instruktion gegeben, die ein Muster dafür ist, wie man sich seine eigene Meinung reservieren, die der Gegner entschuldigen und beide nebeneinander hergehen lassen kann — zugleich ein Zeichen des Wohlwollens und geringer Einsicht in die Weltlage. „Die geistlichen Diener", heißt es dort, „wären die, so das heilige Evangelium verkündeten, derselben Lehre nachfolgten und gebrauchten, darinnen dann die ewig-geistliche Religion gelehrt und gefunden werde (sc. die Protestanten). Die andern Diener der Kirchen, so auch geistlich genannt würden und sich solcher Lehre und Verkündigung nicht gebrauchten, sondern

menschlicher, zergänglicher Religion anhingen, welche vor etlich viel
Jahren von unsern Eltern dermaßen herkommen und gestiftet, auch
für gerecht gehalten worden, wäre gut zu Erhaltung Friedens
und Einigkeit und damit zeitlichen Gehorsams in ihrer menschlichen
Religion bleiben zu lassen, und daß der eine mit dem anderen
Geduld und Mitleiden habe." Und wenn nach dem Sieg Karls V.
auch Ernst für geraten fand, die Beobachtung der Fasttage wieder
einzuschärfen, gab er dem Mandat eine Wendung, daß dies zur
Erniedrigung der hohen Fleischpreise sehr willkommen sein werde.

Die Zeit hätte es weiterhin nicht erlaubt, eine so zurückhaltende
Stellung einzunehmen. Die Gegensätze traten schärfer auseinander.
Wie Baden-Baden unter Philipp II. sich entschieden der Gegenreformation zuwandte, so Durlach schon unter Karl II. (1553 bis
1577) der Reformation.

Erst nachdem der Augsburger Religionsfriede ihm größere
Sicherheit hierfür gewährte, ging Karl vor. Er berief sich darauf,
daß er nur seines Vaters Absichten ausführe, wohl mehr geflissentlich als mit vollem Rechte, er entschuldigte sein eigenes
Zaudern. Schon gleich nachdem der Passauer Vertrag den tatsächlichen Sieg der Protestanten kundgegeben hatte, hatte der eifrig
evangelische Nachbar Herzog Christoph von Württemberg in ihn
gedrungen. Der Einfluß Württembergs in der Reformation der
untern Markgrafschaft ist denn auch bis in jede Einzelheit erkennbar. Im Oberland dagegen schloß man sich ebenso an die große,
protestantische Nachbarstadt Basel an, deren Geistliche hier mit
außerordentlicher Schnelligkeit und Sicherheit die Umwandlung
durchführten. Doch arbeiteten hier einmal diese verschiedenen Geistlichen in gleichem Sinne — in der Geschichte der Reformation
ein seltner Fall. Im Vergleich zu der Starrheit sächsischer Theologen konnte das Werk der Kirchenordnung, das diese Württemberger herstellten, weitherzig genannt werden; mit Klugheit hatte
man in der Kommission, die es herstellte, jene Sachsen, nachdem
man sie doch auch herbeigezogen hatte, unauffällig zurückgedrängt.

Der Katholizismus aber wurde jetzt auf Grund des fürstlichen jus reformandi völlig verdrängt. Eine Visitation, gleichmäßig durchgeführt, beseitigte ihn, wo er sich noch vorfand, in
den Pfarreien; die Synoden, die den alten Ruralkapiteln ohne
Unterbrechung nachfolgten und eine Art von Rügegerichten der

Geistlichkeit untereinander darstellten, tilgten dann noch die letzten
Spuren katholischen Ritus, die hie und da aus alter Gewohn=
heit beibehalten waren. Die Spitäler wurden aus ihrer geist=
lichen Verbindung gelöst; Karl versäumte nicht, sie auch mit einer
Pensionsanstalt für die Hofangestellten zu verbinden. Die Mönche
der Klöster hatten sich wohl schon alle verlaufen; wie überall, so
hielten auch hier die Nonnen fester am Gelübde und der gemein=
samen Lebensweise. Die alte Familienstiftung Lichtenthal hatte
Philibert geschont, das Dominikanerinnenkloster in Pforzheim wurde
schließlich von Karl, nachdem er einige, begreiflicherweise vergeb=
liche Bekehrungsversuche hatte anstellen lassen, ausgekauft; die
Nonnen siedelten nach Österreich über, in das Gebäude wurde das
Spital verlegt.

Die politische Stellung Badens wurde hiermit endgültig ver=
schoben. Dies zeigte sich sofort, indem Österreich der Durchführung
der Reformation im Oberland Schwierigkeiten bereitete und die
Pfarren, deren Besetzung Breisgauer Prälaten zustand, nicht
evangelisch werden lassen wollte, wogegen Karl II. die Zehntbezüge
eben jener Berechtigten sperrte. Man kam damals noch zu einem
Ausgleich, und jene Zehnten sind wirklich bis zum Ende des alten
Reichs abgeführt worden, aber fortan mußte das protestantische
Baden Anschluß suchen an andre protestantische Staaten, sei es
die Pfalz, sei es Württemberg.

Unter Karl ist die Residenz von Pforzheim, das erst jetzt recht
zur Gewerbestadt wurde, nach Durlach verlegt worden, der ersten
jener künstlichen Fürstenstädte, die später in der Geschichte unsres
Landes eine so große Rolle spielen und dem Bürgertum des rechts=
rheinischen Landes erst zu seiner Bedeutung verhelfen sollten. Hier
erhob sich das neue Fürstenschloß, nach dem zeitweise die Stadt
selber benannt wurde, die Karlsburg, hier die Kanzleigebäude und
hier die neue Bildungsstätte, die nach der Reformation die Mark=
graffschaft bedurfte, das Gymnasium. Zum Teil gaben die Kirchen=
güter die Mittel. Aber Karl, ein guter Haushalter, der um seine
Bauten sich persönlich kümmerte — noch sind die Festsetzungen,
die er für die Arbeitslöhne an ihnen traf, erhalten —, hat auch
seine Landstände willig gefunden. Mit ihm setzen die bewilligten
Steuern ein, aber sie hatten noch keine dauernde Beteiligung der
Stände an der Verwaltung zur Folge.

Wiederum wurde geteilt; das Patrimonialprinzip, nachdem selbst Christoph ihm hatte nachgeben müssen, schien unausweichlich; nur während der Zeit der Vormundschaft der Minderjährigen unter den Söhnen blieb noch eine schon gelockerte, gemeinsame Verwaltung. Dann ging jeder der drei Erben seine eigenen Wege. Mächtig wurden sie und mit ihnen ihre Gebiete hineingezogen, in den Streit der drei Konfessionen, die jetzt unter der Decke des Religionsfriedens und mit seiner Benutzung erst recht um die Fürsten und die Territorien Deutschlands in Wettbewerb traten.

Der mittlere unter ihnen, Jakob, dem Hachberg zuteil geworden war, schloß sich dem Katholizismus an, nicht mehr jenem lässigen, duldsamen, wie ihn sein Großvater noch bewahrt hatte und in dem jetzt die Vorkämpfer der Gegenreformation gerade den unmittelbar zu beseitigenden Gegner sahen, sondern dem streitbaren, vordringenden, wie ihn die Gesellschaft Jesu nach Deutschland gebracht hatte, wie ihn in Baden-Baden bald darauf Philipp II. mit Erfolg einführte. Philipp wurde katholisch erzogen, Jakob hingegen wurde der erste Konvertit, und darum hat seine Bekehrung und ihre Umstände, haben die Männer, die an ihr mitwirkten, die Religionsgespräche und Streitschriften, die sie begleiteten, immer ein besondres Interesse geweckt. Nachdem jetzt die von Fr. v. Weech veröffentlichten Berichte nach Rom, die Briefe von dort vorliegen, bemerken wir, daß man die Bedeutung des winzigen Ländchens und seines Fürsten freilich überschätzte, aber ebenso, daß man — und dies mit Recht — in dem ersten Beispiel ein Muster und Probestück sah, die erste Etappe jenes großen Rückeroberungsfeldzuges, dessen Plan Ignatius Loyola skizziert hatte, und dessen Methode sich hier zuerst bewährte. Aber auch die ganze Leidenschaftlichkeit der Zeit zeigt sich und mit ihr die völlige Unfähigkeit auf beiden Seiten, bei den Gegnern etwas anderes als verbrecherische Bosheit zu sehen.

Der älteste Bruder Ernst Friedrich hingegen, ging mit gleicher Heftigkeit von dem Augenblick, in dem er die selbständige Regierung antrat, in die protestantische Politik ein, er näherte sich der entschiedenen Richtung, welche Kurpfalz eingeschlagen hatte. In den immer verworrener sich gestaltenden Händeln jener Tage hat er überall seine Hand mit im Spiele. Es beginnen unter ihm jene Rüstungen, die das kleine Land fast nötigen, sich an den

Kämpfen der Nachbarschaft zu beteiligen. An den Bündnissen, die die Protestanten jetzt wieder zu ihrer Sicherung und um ihren Einfluß geltend zu machen, abschließen, ist er hervorragend beteiligt. Immer mehr hatte er zu sichern, aber hartnäckig weicht er auch in der geringsten Sache nicht von dem protestantischen Standpunkt. Die Erinnerung, daß der Bruder sich von diesem abgewandt, soll womöglich getilgt werden. Er lief lieber die Gefahr der drohenden Reichsacht, als daß er dem Testament Jakobs gemäß die unmündigen Töchter zu katholischer Erziehung herausgegeben hätte.

In dieser Überzeugung macht er jedoch selber eine Wandlung durch: Die Vertretung der entschiedensten protestantischen Politik führt ihn auch der entschiedensten Richtung, der des Kalvinismus, zu. Unter der Vormundschaft war noch die Konkordienformel mit Strenge durchgeführt und im Oberland, wo die schweizerische Nachbarschaft sich geltend machte, eine Anzahl des Krypto-Kalvinismus verdächtiger Priester entlassen worden. Später hat Ernst Friedrich erklärt, schon damals seien ihm als Knaben die ersten Bedenken gekommen; jetzt wirkten viel stärker die fortwährenden Berührungen mit der Pfalz, mit den halbgeistlichen, kalvinistischen Diplomaten, die ihre Politik lenkten und von Heidelberg aus ihre Hände mit ins Spiel der großen, europäischen Politik mischten. Im Jahre 1599 erklärte er seinen Anschluß an das reformierte Bekenntnis und vertrat seinen Entschluß gegen den abmahnenden Württemberger.

Wie viele deutsche Fürsten haben damals nicht das gleiche getan; aber heftiger als ein Moriz von Hessen, als ein Johann Sigismund von Brandenburg suchte Ernst Friedrich auch sofort sein Glaubensbekenntnis in seinem Lande als herrschendes durchzusetzen. Eingehend hatte er es in einer Bekenntnisschrift, dem Stafforter Buch, darlegen lassen; aber nicht nur der Streit der Federn erhob sich darüber. Er erfuhr den hartnäckigsten Widerstand, als er mit der nun bereits üblich gewordenen Methode vorging, die unfügsamen Pfarrer abzusetzen und die seiner Konfession einzusetzen. An „vertriebenen Pfarrern" der kampflustigen und beweglichen Truppe, die überall hineilt, wo sie ihrer besonderen Richtung einen Gewinn und sich eine leidliche Lebenssicherung verschaffen kann, fehlt es damals beiden Konfessionen,

zumal der reformierten, nicht. Man konnte ohne große Schwierigkeit die eine Gruppe mit der andern vertauschen, ebenso wie auf
der katholischen Seite die Jesuiten, dem Wesen ihres Instituts
gemäß, eine solche fliegende Truppe bilden. Aber im badischen
Unterland hatte sich bereits eine scharf lutherische Bekenntnistreue
unter dem Einflusse Württembergs, dessen Theologen jetzt die
geistige Führung im Luthertum hatten, festgesetzt. Schon die kleine
Residenz Durlach gab nur widerwillig nach; Pforzheim widerstrebte
hartnäckig.

Diese Zwistigkeiten füllten die letzten fünf Jahre des Markgrafen aus. Auch er mußte nun erleben, daß seine Untertanen
wie gegen Eduard Fortunat so gegen ihn einen Advokaten aufstellten.
Es kam einige Male fast zu offnem Aufruhr; als Ernst Friedrich
dann die unbotmäßige Stadt mit Waffengewalt zwingen wollte,
machte auf dem Marsch ein Schlaganfall seinem Leben ein Ende,
mit ihm auch dem Kalvinismus in der Markgrafschaft. Ernst
Friedrich war Apoplektiker, seit zehn Jahren waren ihm die untern
Gliedmaßen gelähmt, was die Überzeugung der Zeitgenossen freilich den sympathetischen Zauberkünsten, die sein böser Vetter Eduard
Fortunat tatsächlich an einem Wachsbild anstellen ließ, zuschrieben,
er hatte keine Kinder, er wußte, daß sein Bruder und Erbe Georg
Friedrich ein ebenso eifriger Lutheraner war — er konnte nicht
hoffen, daß sein Werk irgendwie Bestand haben könne. So aber
sind die Menschen jener Tage: rücksichtslos dem Augenblick ganz
hingegeben, wo sie innerhalb ihres Machtbereiches ihre Glaubens-
meinung als „Gottes Gebot" durchsetzen wollen, so zerfahren, gewalt-
tätig im Kleinen, unentschlossen im Großen, zänkisch in allem
ihre Politik ist.

In diesen Fährlichkeiten hatte Ernst Friedrich, teils um sich
gegen das nur halb befreundete Württemberg zu sichern, hauptsäch-
lich um Baden-Baden festhalten zu können, erst Stadt und Amt
Besigheim an Württemberg verkauft, dann die alten Besitzungen
im Nagoldtale, Altensteig und Liebenzell, ungünstig vertauscht —
beides für den Nachbarstaat, der unter den Territorien des Süd-
westens immer am geschicktesten die Abrundungspolitik verfolgt
hatte, ein erwünschter Zusatz. Uns geben heute die mit peinlicher
Genauigkeit berechneten Anschläge aller Amtseinkünfte einen er-
wünschten Einblick in die Verwaltungspraxis jener Tage. Sie

belehren uns freilich, wie namenlos zersplittert von Ort zu Ort
diese Einkünfte waren, aus wie winzigen Beträgen sie sich oft
zusammensetzten, wie viele unter ihnen bestritten waren, während
man nicht gesonnen war, um Haaresbreite von ihnen zu weichen.

Wie konnte man hoffen, aus dieser verworrenen Anhäufung
von Einzelrechten doch ein leidlich geordnetes Ganze zu formen?
Der Schreiberfleiß, der doch jetzt schon in allen Amtsstuben seinen
Einzug gehalten hatte, und sich in diesem Labyrinth ganz wohl
fühlte, weil er sich darin allein zurecht fand, wie er denn noch
am Ende dieser Herrlichkeit, die erst mit dem des Reiches zu-
sammenfiel, ihr wehmütig nachgeblickt hat, — er allein konnte nicht
helfen. War es möglich, eine planmäßige Verwaltung und Gesetzgebung zu schaffen? Philipp II. hatte es in Baden-Baden versucht, aber der Erfolg war ausgeblieben. Jetzt unternahm es für
Baden-Durlach, tatsächlich aber für die ganze Markgrafschaft,
Georg Friedrich.

Er steht am Ende dieser Epoche wie Christoph am Anfang.
Aber wie anders sind die Zeiten und deshalb auch die Menschen!
Das fällt um so mehr auf, als die verwandte Anlage, die Familien-
ähnlichkeit, sich gerade bei diesen beiden nicht verkennen läßt. Jene
heitere Sicherheit, der optimistische Sinn des alten Markgrafen
sind bei dem Urenkel verschwunden. Alles ist in ihm strenges
Pflichtgefühl, unablässige Selbstprüfung, Überzeugung von der
Sündhaftigkeit der Menschen, von der strafenden Hand Gottes.
Als junger Mann schon hatte er seine Röttler Landessynode mit
einer langen Ansprache, die völlig einer Predigt glich, eröffnet;
ein Prediger vom Fürstenstuhl aus zu sein, ist zeitlebens seine
Lebensaufgabe, ist auch das Mittel, mit dem er seine Untertanen
überzeugt und sie zu Leistungen anspornt, wie sie keiner seiner
Vorfahren und Nachfolger gefordert und erhalten hat. Wenn man
zweifeln könnte, daß das Wesen des Protestantismus jener Zeit
innerliche Askese gewesen, Georg Friedrichs Gestalt könnte zum
Beweise dienen. An sich selbst arbeitet dieser Mann unablässig.
Er hat seinen schwächlichen Körper, da er nun einmal überzeugt
ist, daß er ein Kriegsfürst werden müsse, zu den größten An-
strengungen gestählt. Er wird auch mit der Überlegung über
sich selbst nie fertig. Achtundfünfzigmal hat er die Bibel ganz
durchgelesen, so hat er in sein Handexemplar eingetragen, als er

das neununbfünfzigstemal bis zum Psalter gekommen war, — dieser methodische Mann hätte nicht in Gottes Wort vorwärts und rück= wärts geblättert.

So faßt er alles an, gründlich, theoretisch, etwas pedantisch. Das beste Zeugnis dafür sind jene wohlgeordneten Auszüge und Ausarbeitungen über alle Gegenstände des Kriegswesens, die er zu eigener Belehrung, aber auch zu Nutz und Frommen der Nach= kommen, denen er das gleiche Studium empfiehlt, angelegt hat. Sie sind eine der wichtigsten Quellen für die Kenntnis militärischer Dinge in einer Zeit entscheidender Umwandlungen geworden; ihm selber aber haben sie wenig genützt. Er hätte es wohl für ge= wissenlos gehalten, anders als so gut vorbereitet zu Felde zu ziehen; er hatte zwar auch im Kriege gelernt, aber als Feldherrn fehlte ihm im entscheidenden Augenblick der Überblick, der Instinkt für den rechten Moment, der den Soldaten macht; er hat sich nichts als Niederlagen geholt. Aber auch im Felde hat er zähe festge= halten, solange er es vermochte und immer wieder die Nieder= lage zu überwinden gesucht. So ist er auch als Verwalter seines Fürstentums, das jetzt, nachdem fast alle Landesteile, die Christoph besessen hatte, wieder beigebracht waren, doch zu den stattlicheren in Deutschland gehörte. Eine ganz neue Verteilung der Geschäfte wurde durchgeführt, wie sie dann geblieben ist, bis zu der Ver= waltungsordnung des Großherzogtums. Eine Zentralbehörde, der Geheimerat, dem der Markgraf regelmäßig präsidierte — er hat das gleiche im Testament seinen Nachfolgern vorgeschrieben —, ein Hofgericht, das er wenigstens in der ersten Zeit oft besuchte. Auch die Anfänge der Zusammenfassung der wirtschaftlichen Ver= waltung sind bereits zu bemerken. Dem Kirchenrat endlich gab er erst eine feste Organisation.

Es hat doch wieder bis auf Karl Friedrich gewährt, daß ein Fürst gleich planmäßig Verordnungen erließ, die einen Teil der Verwaltung nach dem andern regelten. Er zauderte, obwohl die Landstände ihn drängten, mit der Zusammenfassung und mit dem Erlaß des lange geprüften Landrechts, das die Rezeption des römischen Rechtes in diesen Landschaften vollendete. Er hat schließlich noch vor der endgültigen Veröffentlichung die Regierung niedergelegt, aber er hinterließ es gedruckt; und als der große Krieg beendet war, war dies das wichtigste Vermächtnis einer glück=

licheren Zeit. Dieses große, methodische Gesetzgebungswerk, wohl
das eingehendste, das ein deutscher Territorialstaat besessen, hat
ausgereicht, wenn es auch zuletzt unter den Anforderungen einer
neuen Zeit zerbröckelte, solange wie die alte Markgrafschaft Baden
bestand. Auch hier freilich fehlt der freiere Sinn, der die Ge-
setze Christophs belebt; statt dessen walten Ordnung, Ängstlich-
keit, Staatsbevormundung vor — wir werden es noch an einem
Hauptthema, Städten und Gewerbe, sehen.

Doch fehlen dieser Regierung und diesem Manne auch nicht die
freieren Züge. Bei so sorgsamer Beobachtung der wirklichen Bedürfnisse hätte es auch kaum anders sein können. Vor allem hat
Georg Friedrich die landständische Verfassung, die bisher nur
gelegentlich eingriff, zu einem Abschluß gebracht, von dem er wie
seine Untertanen wohl annehmen konnten, daß er der endgültige
sein werde. Man konnte nicht ahnen, daß nach dem Dreißigjährigen
Kriege sich das alles erst nur mühsam am Leben erhalten, dann
altersschwach entschlummern sollte.

Das württembergische Vorbild, das bei allen Ordnungen Georg
Friedrichs stark mitgewirkt hat, ist hierbei nicht zu verkennen. Indem die Stände jetzt eine ganz regelmäßige Steuer- und Schulden-
verwaltung einführen, erhalten sie auch deren ständige Verwaltung,
eine Art Mitregierung in allen finanziellen Dingen, die sie bisher entbehrt hatten. Das brachte von selber mit sich, daß der
Markgraf weit mehr Dinge mit ihnen verhandelte, mehr Einrichtungen mit ihrer Hilfe ins Werk setzte, als sonst geschehen war.
Und wir sehen in diesen Verhandlungen auf beiden Seiten den
redlichen Wunsch, gemeinsam etwas zu leisten. Freilich bringt
es auch jetzt die zerstreute Lage der Landschaften mit sich, daß
jede einzelne ihren Ausschuß hat und die gemeinsamen Ausschuß-
tage in Durlach nur bei den wichtigeren Anlässen zusammentreten.
Das ist schließlich ihr Verhängnis, ihr großer Nachteil, gegenüber
den Württembergischen Ständen gewesen; aber damals spürte man
nichts von Ortseifersucht. Sie konnte nicht aufkommen; denn das
hatte Georg Friedrichs eindringliches Ermahnen erreicht: alle
waren sich der Gefährlichkeit der Lage bewußt. Sie wurde ihnen
oft genug von dem Fürsten selber vorgehalten; denn er wußte, daß
er bei seiner gewagten Politik das ganze Volk hinter sich haben
müsse. Er und alle Ausschüsse, auch der Baden-Badener, waren

4*

fest entschlossen, daß das Land zusammenbleiben müsse; so hat er auch in seinem Testament die Unteilbarkeit der Markgrafschaft nach so viel bittern Erfahrungen, seinen Nachfolgern zur Pflicht gemacht; nur die Außenposten, Sponheim und Grevenstein, dürfen zu Sekundogenituren benützt werden.

Seine ganze Regierung von 1604—1618 ist mit dieser Sorge erfüllt, die mittlere Markgrafschaft zu behalten, die Ansprüche der Kinder Eduard Fortunats zurückzuweisen. Dessen Bruder, der allerdings gleich jenem selbst ein waghalsiger Abenteurer war, hat er auf der Feste Hachberg in dauernder Gefangenschaft gehalten. Es ist überflüssig zu vermuten, ob er mit etwas mehr Nachgiebigkeit den dauernden Gewinn Baden-Badens unter Verzicht auf die Außengebiete hätte erlangen können. Die Bedingungen hierfür lagen, zumal da er im Besitz war, was im alten Reichsrecht immer viel bedeutete, nicht ungünstig. Er aber verband seine Sache unbedingt mit der des gesamten deutschen Protestantismus. Das ist seine bedeutsame Stellung und wurde sein Verhängnis. Unermüdlich war er, die Union der evangelischen Fürsten zusammenzubringen zu helfen; er hat an ihr, als der letzte festgehalten und sich ihr geopfert. Aber er hat auch seine Angelegenheit der Union als einen Hauptpunkt ihrer Forderungen zugeschoben.

Daß der große Krieg, der seit 20 Jahren jährlich auszubrechen drohte und immer wieder durch eine Politik, die von Jahr zu Jahr verworrener wurde, hintangehalten wurde, dennoch kommen müsse, hat er klar erkannt. Er rüstete unablässig; im Jahre 1617 konnte er 15000 Mann, ein stattliches Heer für jene Zeit und für einen Territorialstaat wie die Markgrafschaft ein unerhörtes, mustern. Zu solchen Aufwendungen setzten ihn freilich nur Subsidien in Stand. Sein Land hatte er mit Festungen überall vermeintlich gesichert — keine hat den Kriegsstürmen Stand gehalten. Geschütze wurden in den Eisenwerken zu Kandern, die den Geschützmeistern untergeben waren, gegossen. Selbst die adligen Lehensleute vergaß er nie zu ermahnen, ihrer Dienstpflicht im Fall des Krieges zu genügen.

Der Eifer der Untertanen, ihm hierzu beizusteuern, spricht sich in fast überschwenglichen Beteuerungen aus: „Sie würden ihrem Herren zu Hilfe kommen mit Ehr und Gut, mit Leib und

Blut"; er wurde sicherlich sehr wesentlich gefördert, durch die günstige Lage der Volkswirtschaft. Alle Preise stiegen damals außerordentlich. Wohl richtete die große Geldkrise der Kipper= und Wipperzeit auch hier ihre Verheerungen an; doch wurde sie weniger empfunden, da der Markgraf und die Landstände gemeinsam eine Wechselbank angelegt hatten. Fortwährend dachte man daran, ihren Tätigkeitskreis noch zu erweitern. Ist sie auch bald dem alles verwüstenden Kriege zum Opfer gefallen, so bildet sie doch eines der interessanteren Kapitel in der Geschichte der Anfänge eines staatlichen Bankwesens. Sie verwaltete die Waisengelder, suchte, einmal im Besitz dieses großen Fonds, überhaupt zur Depositenbank zu werden und dadurch eine womöglich allgemeine Konversion der Grundschulden in der Markgrafschaft vorzunehmen. Daß sie dabei die Einlagen zu 5% verzinste und zu 8% im Personalkredit auslieh, läßt sie freilich etwas sehr modern erscheinen. Den mittelalterlichen Abscheu vor dem Wucher hatte man hier bereits gründlich überwunden. Zugleich aber wollte sie auch Wein= und Kornhandel unter gänzlicher Ausschaltung der jüdischen Händler organisieren, wie der Wollhandel schon organisiert war.

Auch an eine große soziale Reform konnte man denken, eine allgemeine Frondablösung, ein sicheres Zeichen dafür, daß dem Bauer seine Zeit kostbar wurde. Nur wenige Räte hatten noch Bedenken. Ja die Ablösung der Bodenzinse und der Erblehen wurde erwogen mit Gründen, die erst anderthalb Jahrhunderte später wieder auftauchen: der Untertan verliefe sich oft wegen ein paar Pfennigen seine Zeit, eine günstige Anlage der Kapitalien würde die Schätzung der Landschaft heben, und die Privaten würden ihre entlasteten Güter besser bauen. Es ist kaum ein Punkt der Landwirtschaft, der damals nicht erwogen worden ist. Auch die Forstordnung Georg Friedrichs gibt an Sorgfalt der Philipps II. nichts nach und war jedenfalls einer besseren Ausführung sicher. — Es waren in einer bangen Zeit trüber Erwartungen Sonnenblicke, ehe sich die verderbenbringenden Gewitterwolken völlig zusammenzogen.

Blicken wir noch einmal auf Georg Friedrich selber zurück. Es mangelte ihm nicht an wissenschaftlicher und literarischer Bildung, die er sich in seiner Jugend auf Reisen in Frankreich und Italien erworben hatte; auch als Flüchtling führte er eine erlesene Biblio-

thek meist historischer Werke mit sich. So erhielten auch seine Töchter
eine Bildung, die sie dann in der unfreiwilligen Muße der Flücht=
lingszeit sogar zu literarischer Tätigkeit befähigte. Für die Hebung
der Schulen zeigte er von früh an Interesse. Als sein Bruder
Ernst Friedrich Calvinist wurde, errichtete er alsbald ein eigenes
Gymnasium in seiner kleinen Residenz Sulzburg. Doch das
Hauptinteresse blieb immer das theologische, das die Zeit erfüllt,
in dessen Dienst er sich stellte. Auch mußte damals ein Fürst ge=
wandt darin sein trotz jedem Kontroversisten. Bei aller politischen
Freundschaft zu den Reformierten, die er als Mahner gegen über=
eifrige Lutheraner betätigte, hielt er bei seiner Geistlichkeit durch
sein Konsistorium auf unverfälschtes Luthertum. Er hatte die Geist=
lichen nötig, die opferfreudige Stimmung im Volke zu erhalten.
Er gab ihnen offenbar auch viel nach. Ich finde, daß er nur ein=
mal in den Landtagsverhandlungen empfindlich wurde; es war,
als ihn die Stände ersuchten: er möge die Herren Geistlichen an=
weisen, sich nicht in politische Dinge zu mengen. Er erwiderte:
er lehne dies ab, bis man den Vorwurf durch Einzelbeispiele be=
gründet habe.

Es ist doch ein eigenartiges Schauspiel, dieses Zusammenstehen
von Fürst und Volk in gefahrbrohender Zeit. Jedoch der kleine
Staat hatte sich zu hoch vermessen. Kam es zum Kriege, so war
hier alles auf den Sieg der Freunde berechnet. Als statt dessen die
Niederlage kam, war Georg Friedrich entschlossen, seine Person
und die von ihm gebildete Truppe einzusetzen für die schon fast
verlorene Sache. Sein Land aber hoffte er vor der Katastrophe zu
bewahren. Am 12. April 1622 verkündete er seine Abdankung:
„Er tue diesen Schritt, um sein Land nicht in Gefahr zu bringen,
nachdem er die Heerhaufen des Feindes in ihrem Quartier sogar
von seiner Residenz aus gesehen. Nach verständiger Kriegsleute
Urteil finde er nicht ratsam ihn im eigenen Land abzuwarten.
Längst habe er die Absicht gehegt, die er nun ausführe." Er über=
gab alles seinem Sohn. Bald darauf wurde nach hartem Ringen
sein Heer bei Wimpfen von Tilly zersprengt. Er hat weitergekämpft,
bald im Elsaß, bald im Norden gegen die Truppen Wallensteins,
immer mit gleichem Unglück. Dann wanderte er als Flüchtling um=
her, nur wenn die Schweden die Oberhand hatten, ist er zeitweise
nach der Heimat zurückgekehrt.

Sein lutherisch-protestantischer Sinn aber war ungebrochen; er kämpfte in heftigen Protesten für seine Sache, und als er in der Zufluchtstätte aller Flüchtlinge, in Genf, weilte, wollte er selbst dort in der Stadt Kalvins seinen lutherischen Gottesdienst für sich durch= setzen, wie er ihn als Jüngling auf seinen Reisen gegen allen Einspruch in Besançon durchgesetzt hatte. Denn von seinem und seiner Sache Recht blieb er felsenfest überzeugt, und als er 1638 fünfundsechzigjährig in Straßburg starb, konnte sein Leichenredner, der in der pomphaften Kanzelberedtsamkeit des Zeitgeschmackes doch ein gutes Bild von ihm gezeichnet hat, ihm ins Grab alle die kräftigen Worte nachrufen, mit denen er sein Vertrauen auf den Sieg der gerechten Sache ausgedrückt hatte. Denn seltsam genug — diese bibelfesten Leute lasen sich aus der Schrift immer diese durch Nichts begründete Ansicht heraus.

Über sein Land aber flutete immer von neuem die Soldateska des großen Krieges, und als 10 Jahre nach dem Tode des Mark= grafen der Frieden einkehrte, fand er in einem zertretenen Lande nur noch ein knappes Drittel von der Anzahl jener Bevölkerung, die vor 30 Jahren gelobt hatten zu ihrem Herrn zu stehen mit Ehr und Gut, mit Leib und Blut. — Es waren verwilderte und gedrückte Bettler!

<hr />

# II.

# Städte und Gewerbe.*

<hr />

Bis auf Markgraf Christoph war das städtische Leben in der Markgrafschaft sehr schwach entwickelt gewesen. In den ober= ländischen Besitzungen blieb dies auch weiterhin so. Emmendingen, in der Markgrafschaft Hochberg, Schopfheim, Sulzburg in Rötteln hatten nur den Namen von Städten, selbst als Marktflecken blieben

<hr />

* Von einer gesonderten Darstellung der Verwaltung und der Verhältnisse der ländlichen Bevölkerung, soweit sie nicht in Kapitel I schon gegeben ist, sehe ich hier wegen mangelnden Raumes ab und gebe nur eine solche des Bürgertums und der Gewerbe. Sie beruht teilweise auf einer Revision und Ergänzung des ersten Bandes meiner Wirtschaftsgeschichte des Schwarzwaldes, sofern sie badische Ver= hältnisse behandelt.

sie bedeutungslos. Eifersüchtig wachte die österreichische Regierung
darüber, daß hier keine eigentlichen Städte zum wirklichen oder
vermeintlichen Nachteil der Breisgauischen aufkämen; noch viel
später hat sie deshalb gegen die Erteilung von Stadtrecht an
Lörrach Einspruch getan. Für Badenweiler hatte Kaiser Sigmund
wenigstens Rechte eines offnen Marktfleckens erteilt; ein solches
Privileg sicherte wohl den Markt und seinen Besuch durch fremde
Händler, aber es verlieh den Einwohnern keine neuen Befugnisse;
es konnte nicht als Anknüpfung für die Entwicklung einer Bürger=
schaft mit eigener Verwaltung dienen.

Anders lagen die Verhältnisse im Unterland. Hier gab es
von alter Zeit her eine Reihe von Städten; aber auch hier hatte
nur eine von ihnen, der alte Hauptort der Markgrafschaft, Pforz=
heim, wirkliche Bedeutung gewinnen können. Der kleinste dieser
Orte, Steinbach, besaß seine Stadtfreiheit am gesichertsten vermöge
einer Kaiserurkunde, wenn sie auch nur von einem Richard von Corn=
wall ausgestellt war; aber nur ein kleiner, quadratischer, um=
mauerter Bezirk war hier als Stadtweichbild inmitten des um=
gebenden Dorfes ausgesondert; die Bürgerrechte waren an Grund=
besitz und Wohnung in diesem geknüpft, und das Städtchen war
nicht ausgeschieden aus der großen Markgenossenschaft, deren Haupt
es war. Nicht einmal für den Handel mit dem Wein, der doch
vor allem in diesem Landstrich gebaut wird, gewann es maß=
gebende Bedeutung.

Die andren Städte hatten nur wenig gesicherte Stellung. Sie
genossen freilich jene Rechte, die von dem Begriff einer Stadt
jetzt seit langem unzertrennlich waren, auch ohne daß sie noch be=
sonders verbrieft gewesen wären. Dazu gehört das Marktrecht als
selbstverständlich, aber auch der Rat unter einem Bürgermeister und
ein eigenes Gericht; aber wieweit das Gericht gesondert war von
den andern Gerichten des Herrn, welche Sicherheit der Bürger
vor ihm genoß, auf welche Personen sich seine Befugnis erstreckte,
war nirgends genau bestimmt. Vollends war nichts ausgemacht
über die Leibesfreiheit der Bürger. Die älteren und größeren
Städte hatten ziemlich früh mit dem anfangs auch bei ihnen
geltenden und für sie vorteilhaften Grundsatz gebrochen, daß für
den Besitz des Bürgerrechts der Personenstand gleichgültig sei;
sie hatten die Forderung aufgestellt, daß mit der Stadtfreiheit

keine Leibeigenschaft vereinbar sei; sie verlangten, daß jeder, der
in die Stadt ziehe, den Nachweis erbringe, daß er sich aller Verpflichtungen gegen seinen Herrn entledigt habe; „kein Rauchhuhn
— es war das die gewöhnliche Abgabe der Leibeigenen — darf
über die Mauer fliegen“, sagte man wohl. Aber die kleinen Städte
der Markgrafschaft hatten an dieser Entwicklung keinen Teil genommen. Zwar lagen nicht eigentliche Fronhöfe in ihnen, man
müßte denn die Hofhaltungen der Fürsten selber als solche bezeichnen — auch waren sie getrennt von den Dörfern in ihrer
Nachbarschaft, wo solche Fronhöfe lagen und die Bauern saßen.
Die Stadt Pforzheim, regelmäßig in kleinen Quadraten um den
großen Marktplatz im 12. Jahrhundert angelegt und für Kaufleute und Gewerbetreibende bestimmt, gliederte sich erst jetzt in
der Mitte des 15. Jahrhunderts das alte Dorf, dessen Namen
es einst angenommen hatte und in dem noch immer die alte Pfarr-
kirche lag, an. Aber auch ohne daß in diese Städte ein starkes
landwirtschaftliches Element eingedrungen wäre, war doch eine
große Anzahl von Bürgern und Hintersassen leibeigen. Noch 1583,
als Markgraf Philipp II. seinen Untertanen gebot, sich fremder
Leibeigenschaft zu entledigen, stellte sich in Ettlingen, der zweiten
aber nicht gefreiten Stadt der oberen Markgrafschaft heraus, daß
die Mehrzahl der Bürger leibeigen sei, ihre früheren Rechte hatten
sie zur Strafe für den Bauernkrieg verloren. Das Recht der Freizügigkeit stand nicht den Bürgern als solchen zu; und die Markgrafen dachten einstweilen gar nicht, hierin etwas zu ändern: mit
der Stadt Speyer bestand ein eigner Vertrag, daß sie Pforzheimer
Leibeigene bei sich nicht als Bürger aufnehmen dürfe.

Das waren rückständige Verhältnisse und einsichtige Territorial-
fürsten wie Eberhard von Württemberg und vor allem Markgraf
Christoph begriffen, daß sie, um die Städte in ihren Territorien
aufzubringen und mit ihnen Handel und Gewerbe zu pflanzen, vor
allem die bürgerliche Freiheit sichern und die Selbstverwaltung
fördern müßten. Hatte doch namentlich Pforzheim gegen früher
an Reichtum und Ansehen sogar eingebüßt: die alten Geschlechter,
aus denen von Anfang der Stadt der Rat besetzt, der Schultheiß
selber genommen war, waren weggezogen. Das erkannte Markgraf Christoph in seinem Freiheitsbriefe von 1486 selber an: Die
erste Stadt seines Fürstentums sei Pforzheim; gegen alle seine

Vorfahren habe sie sich mit Hilfe getreu erzeigt und sich willig
und wohl gehalten und dennoch sei sie nicht höher gefreit als
andre, und seit langer Zeit mehr zum Abnehmen als zum Auf-
gang gerichtet gewesen.

Auch in dem entsprechenden Freiheitsbriefe für Baden von
1507 betonte er das gleiche, indem er jetzt diese Stadt um seiner
Hofhaltung und um des natürlichen warmen Bades willen für die
vorderste und vornehmste der Markgrafschaft erklärte. Nur durch
erhöhte Freiheiten, bessere Polizei und Ordnungen würde auch die
Stadt gebessert, ihre Einwohner an Ehren und Gut zunehmen und in
anderen auswärtigen Orten die Begierde erweckt werden, in sie
zu ziehen. Aber deshalb war dieser Vertreter der fürstlichen Landeshoheit und des gleichmäßigen Verwaltungsausbaus nicht gemeint,
mehr Rechte als zu diesem Zweck nötig, aus der Hand zu geben.
Kleinen Städten wie Durlach und Ettlingen blieben diese Freiheiten so wie so versagt; nicht um eine allgemeine Städteordnung
also handelte es sich; und wirklich stellte sich später bei den
ständischen Steuerbewilligungen öfters die Privilegierung Badens
als ein Hindernis gleichmäßiger Finanzverwaltung heraus.

Das wichtigste war die erhöhte persönliche Sicherheit, die fortan die Bürger genossen. Zwar wurde die Leibeigenschaft nicht
mit ausdrücklichen Worten aufgehoben, aber tatsächlich war es
nichts andres, wenn jetzt jedem Bürger der freie Zug in und aus
der Markgrafschaft mit Leib und Gut eingeräumt wurde. Nur
die Beschränkung blieb, daß der Wegziehende sich mit seinen Gläubigern vertragen haben sollte und daß er für seine in den badischen
Städten eingegangenen Verpflichtungen und dort begangenen Ver-
fehlungen allein vor dem Stadtgericht Recht geben und nehmen
solle, während sonst außer für liegende Habe der Grundsatz galt
und von den Städten eifersüchtig festgehalten wurde, daß der
Kläger den Beklagten an seinem Wohnort belangen müsse. So
war auch die völlige Freiheit der Verheiratung zugesichert, jede
persönliche Abgabe und Dienstleistung aufgehoben. Mit diesen zugleich fielen überhaupt alle direkten Steuern, die bedeutendste, die
Bede, mit eingeschlossen. Es war ihrer eine ganze Anzahl von
alter Herkunft und diese gemeinsame Steuerverfassung zumal band
die Stadt an das Land. Jetzt wurde nur für die Ausmärker, die
in Baden Grundbesitz oder Rentenbezug, der diesem stets gleich-

gesetzt wurde, hatten, die Bede beibehalten und damit diese als
Kompensation der neu eingeführten Konsumtionsabgaben gekenn-
zeichnet; in Baden wurde außerdem von allen Gästen schon damals
eine Kurtaxe erhoben, die die Wirte zu verrechnen hatten. Diese
Freiheit von direkten Abgaben schloß freilich die alte, auch im
Lehenrecht enthaltene Verpflichtung nicht aus, im Fall der Gefangenschaft des Fürsten, an einer Steuer zu seiner Lösung mit-
zutragen; war doch jedermann die drückende Gefangenschaft in
Erinnerung, in die der Vater des Markgrafen Karl, nach der
Niederlage von Seckenheim geraten war. Aber auch für Schulden-
aufnahmen der Markgrafen wollte man nicht auf die Bürgschaft der Städte verzichten und ihnen nur die Schadlosbriefe
richtig ausfertigen. Solche aber waren, wenn man doch einmal
in Zukunft mit weniger genauen Haushaltern als Christoph
zu rechnen hatte, nur eine üble Garantie. So war also für die
Zukunft Anlaß genug für die Städte gegeben, sich nicht von Bewilligungen der Landstände auszuschließen.

Einstweilen aber beruhte das Steuerwesen in der Fortentwicklung
des Ungelds, das sich einst schon Markgraf Bernhard für Pforzheim
eigens von Kaiser Sigmund hatte bewilligen lassen. Jenes war
nur auf den Wein, der in den Wirtshäusern ausgeschenkt wurde,
gelegt gewesen. Jetzt führte Christoph eine gleichmäßige Besteuerung
des gesamten Verbrauchs in den Haushaltungen ein, eine ausgebildete
Akzise, die vorbildlich auch für andre Territorien wurde. Sie
bestand aus einer nach den Getreidearten abgestuften Mehlakzise,
die unter strenger Kontrolle der Müller erhoben wurde, einer Vieh-
und Fleischakzise, die auch von den Hausschlachtungen entrichtet
wurde, nur daß hier dem Bürger ein Existenzminimum von
zwei Schweinen jährlich freigelassen wurde, einer Einlagergebühr
vom Wein, die zu dem alten Ungeld der Wirte hinzutrat, endlich
einem Salzmonopol, das zwar den Großhandel mit Salz nicht
beschränken sollte, aber so streng durchgeführt wurde, daß solchen
Händlern verboten blieb, auch nur ihren eigenen Bedarf aus ihrem
Lager, anstatt aus dem städtischen zu decken. Die Verwaltung
dieser Abgaben blieb der Herrschaft vorbehalten, obwohl Verordnete
der Stadt zur Besetzung der Ämter und zur Verrechnung hinzu-
gezogen wurden; denn von dem Ertrag erhielt die Stadt nur
ein Viertel, dessen Verwendung für die Bauten und Befestigungen

der Stadt festgelegt war. Jährlich mußten die städtischen Be=
hörden vor den Räten und Amtsleuten des Markgrafen Rechnung
ablegen und jedes eigene Besteuerungsrecht war ihnen abgesprochen.

Die alten Einkünfte aus Grundbesitz und Allmenden — für
Baden, das die herrlichsten Wälder des Landes sein eigen nannte,
kam ein städtischer Holzhandel hinzu — wurden lediglich bestätigt.
Sie allein hätten nie für größere Ausgaben gereicht, da ja die
Allmende auch in den Städten genugsam für die privatwirtschaft=
lichen Bedürfnisse der Bürger in Anspruch genommen wurde. So
behielten die beiden Städte die vielen kleinen Gefälle, die in ihnen
ziemlich verschiedenartig waren, in Pforzheim viel entwickelter als
in Baden, wie es der reicheren wirtschaftlichen Tätigkeit dieser
Stadt und damit auch der vielseitigeren Verwaltungstätigkeit ihres
Rates entsprach. Immerhin war die Einräumung eines beträcht=
lichen Teiles an der Akzise eine bedeutende Erleichterung der
städtischen Finanzen und wenn der Lebensunterhalt auch beträcht=
lich verteuert wurde, so suchte man der Bürgerschaft durch den
schon der Kontrolle wegen nötigen, fast völligen Ausschluß des
Wettbewerbes fremder Bäcker und Metzger einen Vorteil zu ver=
schaffen. Man konnte auch erwarten, daß ein Teil der Akzise von
den Bauern und auswärtigen Gästen getragen werden würde,
namentlich in der Fremdenstadt Baden, wohin aus dem umliegenden
Lande recht zahlreich die Badenfahrten gingen, die wenig später
Thomas Murner als Anknüpfung seines besten satirischen Werkes
benützte. Namentlich aber waren die Vorteile, die die Städte durch
den Verzicht auf direkte Steuern vor der Bevölkerung des platten
Landes genossen, sehr groß; auch ging Christoph mit Eifer daran,
das Gewerbe den Landorten zu entziehen und in den Städten zu
vereinigen. Hier wie in größeren Verhältnissen später im branden=
burgisch=preußischen Staat ist das zugleich Voraussetzung und
Folge der Trennung der Steuerverfassung gewesen, wobei die
direkten Abgaben auf das Land, die indirekten auf die Städte ge=
legt wurden.

Die Freiheit der Selbstbestimmung der Städte war knapp
bemessen, mußte doch für jede größere ungewohnte Ausgabe,
zumal für jeden größeren Bau die Genehmigung der Herr=
schaft eingeholt werden. Und nicht reichlicher waren die politischen
Befugnisse zugeteilt. In der Stadt Baden war die gesamte

Hofhaltung bis zum letzten Hofdiener überhaupt ebenso von der Jurisdiktion des Stadtgerichts wie von den Steuern, so lästig und schwer durchführbar diese Ungeldbefreiung auch war, ausgenommen; sie war wie ein Fremdkörper in der Bürgerschaft. Wohl wurde durch die Stadtrechtsverleihungen jetzt die Sicherheit des einzelnen Bürgers vor willkürlicher Verhaftung und Vermögensarrest ohne vorhergehenden richterlichen Befehl gewährt, und diese Befreiung allen anderen vorangestellt, aber das Gericht selber, wenn auch die Schöffenbank mit Ratmännern besetzt wurde und die Stadt einen kleinen Anteil an den Gerichtsgefällen erhielt, blieb dem Markgrafen vorbehalten. Er setzt allein den Schultheißen, nicht aus den Bürgern, sondern aus der Reihe seiner Beamten, ein, und neben diesem tritt der jährlich wechselnde Bürgermeister sehr zurück. Wenigstens war in Pforzheim bestimmt, daß er den Schultheißen vertritt, wenn dieser ein Geldinteresse am Ausfall des Urteils hat. Reibungen waren kaum zu vermeiden. Sogar die Bürgerannahme, die Prüfung der Tauglichkeit hierzu, die Sorge für die Sicherheit der Stadt, die Aufsicht über die Bewehrung der Bürger, die Bewahrung der Torschlüssel war dem Schultheißen vorbehalten — kaum ein Verwaltungsakt, der nicht seiner Kontrolle unterstellt war! Es war wohl nötig, daß in der besonderen Ordnung des Schultheißenamtes diesem eingeschärft wurde, daß er nicht wider der Stadt Freiheit, Ordnung und Gewohnheit handeln soll. Auch hat es weiterhin an Klagen über unbeliebte Schultheißen nicht gefehlt.

Wohl wurde nun auch der Rat zu vielen Geschäften herbeigezogen, die außerhalb seiner eigentlichen Befugnisse lagen, aber immer nur in beratender Weise. Weder im Kirchen-, noch im Schul-, noch im Armenwesen wurde ihm mehr eingeräumt. Wieviel ausgedehnter waren die Rechte der Selbstverwaltung, welche landesherrliche Städte, deren Verfassung um einige Jahrhunderte zurücklag, wie Freiburg, genossen. Aber so wie Christoph sie maß, entsprach es der neuen Zeit; ein Vorbild landesherrlicher Stadtverfassung mag man diese Urkunden nennen, und man kann sogar nicht zweifeln, daß jetzt die Bürgerschaften selber nicht mehr begehrten.

Denn die Sicherung der Person und ihrer wirtschaftlichen Unabhängigkeit überwiegt als Interesse schon das an der politischen

Macht und Stellung der Stadt. Diese Unabhängigkeit unterliegt
freilich noch merklichen Einschränkungen: Wird den Bürgern wort-
reich zugesichert, daß sie mit ihrem liegenden und fahrenden Gut
werben und handeln, es versetzen, verkaufen, verändern mögen,
sich selbst damit versehen, damit verfahren, tun und lassen mögen
wie es einem jeden zu jeder Zeit allergefälligst sein möge, so wird
doch hinzugefügt, daß aller Verkauf und Verpfändung liegender Habe
an Fremde nur mit besonderer Bewilligung der Obrigkeit stattfinden
dürfe. Wird die Freiheit des Verkehrs mit Waren aus der Stadt
und in sie gewährt, so muß diese Freiheit sich nicht nur mit den
Bestimmungen über das Ungeld vertragen, sondern sie wird auch
ganz allgemein an die Bedingung geknüpft: „es wäre denn, daß
man seiner Ware in der Stadt bedürftig wäre". Indem den
Bürgern wie den Städten im ganzen verboten war, ein Bündnis
zu machen, sich zusammen zu verschreiben und zu verschwören
ohne Wollen und Wissen der Herrschaft, war auch den Handwerkern das Einungsrecht entzogen. Beschränken nun aber diese
Ausnahmen die Freiheit des Verkehrs und des Erwerbs, die so
feierlich proklamiert war, oder sind sie nicht vielmehr eher Vor-
sichtsmaßregeln zu ihrer Sicherung? Zum mindesten von der
letzten wird man dies bejahen dürfen; und so stellen diese Stadt-
ordnungen in der Geschichte des deutschen Städtewesens doch den
Beginn einer neuen Epoche dar, in der die landesherrliche Stadt
unter beschränkender Leitung des Beamtentums, aber mit gesicherter
Unabhängigkeit der einzelnen Bürger emporkommt.

In der Verfassung dieser Städte hat sich fortan nicht viel
geändert. Die Probezeit, auf die sie zuerst gegeben war, verlief,
wie es zu erwarten war, günstig. Es erfolgten nur genauere Ordnungen einzelner Materien, wie des Schulrechtes, Instruktionen
der Schultheißen, Wahlordnungen für Rat und Bürgermeister,
Ordnungen des Bauwesens. Diese letzteren, die interessantesten
unter jenen Ausführungsbestimmungen, zeigen wieder den klaren,
etwas ängstlich-mißtrauischen Geist dieser kleinfürstlichen Verwaltung: Wahrung des städtischen Besitzes, Verbot der Erker und
Überbauten, um eine grade Fluchtlinie zu erhalten, vor allem
Kontrolle des Bürgermeisters und des städtischen Baumeisters, sowohl durch den Rat, wie durch die Regierung.

Wie das Schreibwesen während des ganzen 16. Jahrhunderts an

Bedeutung gewinnt, schwillt auch die Zahl dieser Ordnungen an; aber auch in ihrem Inhalt macht sich eine Verschiebung geltend: Der freie wirtschaftliche Sinn, der in den Ordnungen Christophs herrscht, beginnt zu weichen. Freilich verringert sich auch in gleicher Weise das Mißtrauen, das damals die Herrschaft jedem genossenschaftlichen Zusammenhang der Bürger entgegengebracht hatte.

In ungleichem Maße, sogar fast in entgegengesetzten Richtungen, entwickelten sich die badischen Städte. Ettlingen und Durlach, auf die jene Ordnungen nicht ausgedehnt wurden, blieben Landstädte, auch dann, als Durlach Residenzstadt wurde. Landwirtschaft und Allmendbesitz spielen hier immer die erste Rolle. Doch mag der freundliche Marktplatz von Ettlingen mit seinem köstlichen Brunnen, dem dünkelhaften Pritschmeister über dem frechen, kleinen Narren, noch ein Bild von Behäbigkeit und Lebenslust der Kleinbürger jener Tage geben, während in Durlach die Reste, die die Verwüstung der Franzosenzeiten überdauerten, noch darauf hindeuten, wie mächtig sich diese stattlichen Bauten, Schloß, Kanzleigebäude, der riesige Landspeicher aus der umgebenden Kleinstadt heraushoben. Auch in Baden herrschte die Hofhaltung und die Beamtenschaft immer vor; auch die Stiftsherren verschwanden nur zeitweise in der Reformationsepoche; nur waren sie nicht mehr so stolze, auch nicht mehr so müßige Pfründner wie im 15. Jahrhundert. Zu ihnen traten seit Philipp II. die Seminaristen. Das Badepublikum aber nahm, wie man schon 1578 klagte, wohl etwas ab. Doch blieben die Wirte hier die großen Herren; im Balderich und im Salmen hielten die Landstände ihre Abschiedsmahle, zu denen auch die Markgrafen erschienen. Handel und Gewerbe wollten aber hier nie so recht in die Höhe kommen. Wir sahen, wie die Landstände und der Rat der mangelnden Religionsfreiheit die Schuld gaben.

Anders Pforzheim; es wurde die eigentliche Gewerbestadt der Markgrafschaft. Als es noch Residenz war, im Jahre 1545, schildert es der fröhliche Pommer Bartholomäus Sastrow, der sich in der Kanzlei gründlich langweilte, als eine behagliche Kleinstadt: „Pforzheim ist nicht groß, hat nur eine Kirche, liegt gar im Grunde an einer schönen, lustigen Wiesen, dadurch läuft ein klares, gesundes Wasser, gibt allerlei wohlschmeckende Fische, daran man des Sommers gar gute Kurzweil haben kann, zwischen überaus

hohen Bergen, so mit Holzungen, einer Wildnis nicht ungleich,
bewachsen, so gut Wildbret gibt. Das fürstliche Schloß liegt wohl
niedrig, aber respectu oppidi ziemlich hoch; sonst hat die Stadt
viel gelehrter, bescheidener, freundlicher Leute, und alles, was man
zu des Leibes Notdurft, auch Erhaltung zeitlichen Lebens in Gesundheit und Krankheit von nöten, an Gelehrten, Unge-
lehrten, Apothekern, Barbieren, Wirtshäusern, allerlei Handwerkern, nichts ausgenommen, in Predigen und Gesängen evan-
gelischer Religion." Seine Schule, seine Druckerei, sein berühmtester
Sohn, Johann Reuchlin, der es nie unterließ, seinem Namen das
„Phorcensis" hinzuzufügen, hatten ihm zuerst Ruf verschafft. Hier
aber entwickelte sich jetzt unter dem Einfluß der Ordnungen
Christophs ein gewerbliches Leben und Treiben, in dem alle Gegensätze, wie sie das 16. Jahrhundert barg, zum Ausdruck kamen.
Diese Entwicklung aber verlief großenteils in andere Bahnen, als
sie Christoph vorgezeichnet hatte.

Nur durch Förderung der Gewerbe konnte man hoffen, die
Landstädte in die Höhe zu bringen. Diese Förderung aber sah
wenigstens Markgraf Christoph nicht mehr in der Erteilung von
öffentlichen Rechten, nicht mehr in der Stiftung von selbstherrlichen
Genossenschaften, die sich ebenbürtig den Zünften der Reichsstädte
anreihten, ihr Gewerberecht teilten und es der Obrigkeit selber
aufdrängten, die ihre Mitglieder mit jeder Seite ihres Wesens
erfaßten und ihr ganzes Leben umspannten, die als geschlossene
Körperschaften im Staat stehen und als solche in der Gemeinde
das große Wort führen und den Rat selber besetzen. In das
neue Ideal der Territorialverwaltung, wie es diese treff-
lichen Verwalter erfüllte, paßte ein solcher Zustand nicht mehr;
für sie war eine staatliche Regelung und Kontrolle, die sich um jede
Einzelheit bekümmerte, auf der einen Seite, auf der andern aber
persönliche Unabhängigkeit der Gewerbetreibenden von ihres-
gleichen das Ziel. Diese Gedanken — wir würden sie jetzt
die modern bureaukratischen nennen, wie wir denn auch wirklich in diesen fürstlichen Schreibstuben die Anfänge einer Bureau-
kratie sehen — treten zum Beginn am entschiedensten hervor; sie
konnten auch nicht mehr ganz erlöschen; sie machten sich immer wieder
geltend, wo die fürstliche Macht und der vorwärtsdrängende Wunsch
nach einer kräftigen wirtschaftlichen Entwicklung stärker und selbst-

bewußter auftreten; allein in den langen Zwischenpausen solcher
Zeiten erlahmten sie, und bei den Handwerkern selber, die doch
der Gegenstand dieser Fürsorge waren, fanden sie weder Neigung,
noch Verständnis. Denn diese hielten allerwärts zähe fest an der
Verfassung und dem Recht, das sie in jahrhundertelanger, kämpfe-
reicher Entwicklung selber ausgebildet hatten; sie übten die stille,
aber fast unwiderstehliche Zwangsgewalt, die in dem engen Zusammenhang, dem ununterbrochenen Personenaustausch eines
Berufsstandes liegt, der sich nicht durch Landesgrenzen ab-
gliedern läßt.

Sie waren immer bereit, jeden Ort, jede Person, die von
der allgemeinen Sitte und Regel abwichen, diese Macht fühlen zu
lassen. Die gesellschaftliche Achtung, die darin liegt, sich ausgeschlossen zu sehen vom Kreis der Berufsgenossen oder auch nur
minderes Ansehen in ihm zu genießen, konnte nicht ersetzt werden
durch den Schutz eines kleinen Territorialherrn. Neue Gedanken,
seien ihre Träger noch so sehr überzeugt, daß sie die richtigen seien und
daß ihnen die Zukunft gehöre, verklingen wirkungslos, wenn ihnen
der Widerhall fehlt. Aber sie saßen auch gar nicht so fest in den
Köpfen dieser Fürsten und Beamten, daß man auf die Dauer nachdrücklich auf ihnen bestanden hätte. Auch mit den Zünften ließ
sich leben, wenn sie nur darauf verzichteten, eine öffentliche, politische
Rolle in den Städten zu spielen, wenn sie sich begnügten, ihre Rechte
aus der Hand des Landesherrn in Empfang zu nehmen, wenn
sie das „Korrespondieren" und die Anfragen um Rechtsweisung
bei den Oberladen der Reichsstädte unterließen. Schien es nicht
auch, als ob man dann für die Gewerbe am besten sorge, wenn
man ihren eigenen Wünschen entgegenkomme? Und war es nicht
auch ein Vorteil für die Landeshoheit, die eigenen Handwerker
recht abzuschließen, sie fest in der Hand zu haben und mit ihnen
einen kleinen, vollkommenen Staat auszubauen, der sich selber
genüge? So fühlte man bald sogar eine Zuneigung; man erfreute sich mit Behagen des gleichen Geistes, der in der Schreib-
stube und in der Zunftstube waltete, der liebevoll und folgerichtig
den Einzelfällen nachging und sie in Paragraphen faßte. Auch
für den korporativen Geist, den man anfangs so entschieden abgelehnt hatte, regte sich die Sympathie: Vetternschaften hier,
Vetternschaften dort.

Zu diesen inneren Gründen, die im Laufe des 16. Jahr=
hunderts eine völlige Schwenkung der Gewerbepolitik hervor=
brachten, trat die Verschiebung der äußeren Bedingungen. Bis
in die kleinsten Territorien macht sich der Stillstand des deutschen
Handels, der Rückgang der Bedeutung der Reichsstädte in der
zweiten Hälfte des Jahrhunderts geltend. Wohl wächst der Wohl=
stand, aber nicht wachsen die Produktivkräfte. Den großen Preisver=
schiebungen entspricht schon nicht mehr eine Steigerung der Be=
triebsamkeit. Die rege Organisationstätigkeit, in der Fürsten und
Beamte sich gefallen, ist nirgends schöpferisch; sie richtet sich aufs
Kleine und zieht auch das immer mehr ins enge. Die Gewissen=
haftigkeit selber wird zur Beschränktheit und Starrheit. Als der
große Zusammenbruch kommt, trägt sie als Trost das Gefühl er=
füllter Pflicht hinweg und beugt sich unter der Hand Gottes;
aber nichts besitzt sie von der freien, klugen Art der Vorfahren.

Das nun ist das besondere Interesse der Gewerbegeschichte der
kleinen Markgrafschaft, daß sie diese Stufen nicht nur deutlicher,
als man sie anderwärts verfolgen kann, sondern meistens auch
früher durchlaufen hat. Sie hat daher auch öfters zum Vorbild
der Nachbarn gedient, oft auch hat sie aber das Vorbild dieser,
namentlich Württembergs befolgt. Markgraf Christoph hat in der
Landesordnung, sowohl der Markgrafschaft, als auch der Graf=
schaft Eberstein, einen unzweideutigen Grundsatz aufgestellt: Er
erklärt alle Einungen und Bündnisse, die wider die Herrschaft
sind, für ungültig, das heißt, er macht das Vereinsrecht überhaupt
abhängig von der obrigkeitlichen Bewilligung; und er schließt in
dieses Verbot bei gleicher Strafe Leibes und Gutes alle Zünfte
ein. Dem entsprechen jene, schon angeführten Bestimmungen seiner
Stadtrechte. Die Zusicherung der Verkehrsfreiheit in den Städten
entspricht dem. Nicht die gleiche Freiheit genießen die Dörfer. Ihnen
werden alle Gewerbe, Gremplereien, Metzelbänke, Badstuben und
dergleichen abgesprochen, nur vier Marktflecken, Bühl, Rastatt,
Graben und Stein werden ausgenommen. So übernimmt die
Territorialverwaltung einen Grundsatz der städtischen, der für diese
ebenso selbstverständlich wie mit ihren Mitteln undurchführbar war.

Mit dieser scharfen Feststellung der Scheidung von Stadt und
Land, zugleich aber der Gewerbefreiheit in den Städten, ging
bereits unter Christoph, dann auch unter seinem Sohne Philipp

eine noch schärfere obrigkeitliche Regelung der wichtigsten Ge=
werbe Hand in Hand, während man die minder wichtigen einst=
weilen außer acht ließ, weil die allgemeine Befugnis der Obrig=
keit, ihre Verhältnisse zu ordnen, ohnehin feststand. Für das eigene
Land waren unzweifelhaft die wichtigsten Gewerbe die der Bäcker
und Metzger. Sie unterstanden überall einer strengeren Aufsicht
als andre, auch die Nahrungsmittelpolizei der mittelalterlichen
Städte hatte sie einer solchen unterworfen; denn nirgends war man
gesonnen, die Bürger ihrer Willkür preiszugeben, selbst ihren Ein=
fluß im Rat fürchtete man; aber ihr besonders fester genossen=
schaftlicher Zusammenhang wurde durch ihre größere Abhängig=
keit nirgends gelockert; hat er doch, anders als bei den übrigen
Zünften, überall den Wechsel der Zeit überdauert. So peinlich
genau bis zum Mißtrauen waren aber selbst in Städten, wo
man die Handwerker möglichst kurz im Zügel hielt, die Vor=
schriften nicht wie in der Markgrafschaft, wo ihnen zugleich die Zunft
versagt war. Noch waren hier auf dem Land durchaus, in den
Städten großenteils, die Zustände naturalwirtschaftlich. Da waren
zunächst die Bäcker. Auf den Dörfern gab es überall die Gemeinde=
backöfen und der erwählte Bäcker versah hier ein Gemeindeamt;
er war verpflichtet, für ausreichendes und frisches Brot zu sorgen
und wurde bestraft, wenn er es daran fehlen ließ. So hat es noch
die endgültige Landesordnung Georg Friedrichs von 1622 ge=
regelt. Aber auch für die beiden Hauptstädte nimmt Christophs
Stadtverfassung als das Gewöhnliche an, daß der Bürger ent=
weder im eigenen Hause backe oder dem Bäcker, der insoweit nur
Lohnhandwerker ist, sein eigenes Mehl übergebe.

Wir sahen schon, wie in diesen Gesetzen auch das Metzgen
im eigenen Hause durch eine Begünstigung im Ungeld gefördert
wurde. Dadurch nun, daß das Ungeld zum Ersatz aller direkten
Steuern gemacht wurde, war auch die genaueste Ordnung der
beiden Gewerbe und des Korn= und Brotmarktes nötig geworden.
Da suchte nun Christoph die Ordnungen so vollständig zu machen,
daß sie womöglich jede Stufe der Produktion und des Verkehrs
ergriffen. Gleich im Anfang seiner Regierung hat er den Korn= und
Weinschlag, die amtliche Preisliste für Getreide und Wein,
eingeführt: Alljährlich wurde sie unter Berücksichtigung der wirk=
lich gezahlten Preise ausgearbeitet und ist so bis in den Anfang

des 18. Jahrhunderts fortgeführt werden. Gewiß, sie ist nicht mit
jenen Marktpreisen zu verwechseln und hat sich wohl immer etwas
unter ihnen gehalten. Auch wurde sie selbstverständlich dem Ver=
kehr nicht aufgenötigt. Dennoch ist sie von großer praktischer
Wichtigkeit; denn der Staat selber berechnete seine Einkünfte und
seine Ausgaben, soweit sie in Naturalien bestanden — und noch war
dies bei beiden wohl bis zur Hälfte der Fall —, nach diesen Sätzen.
Auch der Darlehensverkehr vollzog sich noch großenteils in Wein
und Getreide; da war die amtliche Taxe vollends nötig, da doch
das Geld der Wertmaßstab war, dessen das Recht bedurfte, grade
weil man das Geld nicht unbedingt zum gesetzlichen Zahlungs=
mittel machen konnte. In der Ordnung des Kornmarktes war man
ersichtlich bemüht, den Einkauf der einzelnen Haushaltungen zu
begünstigen. Zweimal in der Woche soll er stattfinden, um so jeder=
mann beständig Gelegenheit zu geben, sich zu versorgen.

In den Müllerordnungen der Markgraffchaft ward wenigstens
dieses Gewerbe peinlich in den Schranken des Lohnbetriebes ge=
halten. Daher sollte der Müller gar nicht auf dem Kornmarkt
als Käufer erscheinen außer mit besonderer Bewilligung, und Ge=
meinschaft mit dem Bäcker war vollends verpönt. Aber auch den
Einkauf des Bäckers sucht die Ordnung nach Möglichkeit zu be=
schränken. Sobald er eine größere Menge Getreide kauft, ist jedem
erlaubt, ihm „in den Kauf zu stehen", das heißt zu dem von jenem
gezahlten Preis einen Teil der Ware für sich zu verlangen. Solche
Einstandsrechte sind bei andern Gewerben — weiterhin auch in
Baden — oft angewendet worden, um keinen einzelnen Handwerker
über die andern emporkommen zu lassen; hier, wo solche Rück=
sichten wegfielen, soll es dem Schutz des Publikums dienen. Gibt
es nun gleich in den Städten nicht Bannmühlen und Gemeinde=
bäcker, so faßt man doch auch hier ihren Beruf wesentlich als
ein Amt auf. Jedem Müller und Bäcker werden von dem Herrn
Kornschreiber, der über allen Umsatz Buch führt, seine Kunden
zugeschrieben; und wenn ein Bürger zu einem andern Bäcker über=
ging, forscht die Obrigkeit nach, ob man auf den Grund des
Zwistes kommen könne. Natürlich tut sie es nicht, um die Kunden
festzuhalten, sondern um nötigenfalls den Bäcker zu bestrafen. Eine
so umständliche Buchführung wird freilich durch die Kontrolle des
Ungelds nötig gemacht; denn der Handwerker darf auch nicht eher

mahlen und backen, als er die vom Bürger eingelöste Quittung
der Steuerbehörde in Händen hat. Für die aber, welche sich nicht
so reichlich versorgen können oder wollen, ist der offene Brotmarkt
da. Wieder scheint es der Schutz des Publikums zu erfordern,
daß, damit jeder zu gleichem Kauf gelange, der Markt allgemein
beschickt werde. Den Bäckern ist sogar verboten, den Kunden das
Brot ins Haus tragen zu lassen, alles Brot, das zu feilem Kaufe
steht, ob in der Stadt gebacken, ob von außen eingeführt, muß auf
den Markt geführt werden. Traute man auch dem in einzelnen
Werkstätten zersplitterten Handwerk nicht zu, die Versorgung regel=
mäßig zu vollziehen? Kam es doch in knappen Zeiten auch auf
dem offenen Brotmarkt zu stürmischen Szenen; und die Ordnung
mußte verbieten, auf die Karren der Bäcker zu steigen oder Brot
gewaltsam aus den Körben zu nehmen.

In der städtischen Gewerbepolitik war seit alters kein Ver=
waltungszweig so gut ausgebildet wie die Schaueinrichtungen:
Bei den Nahrungsmittelgewerben oder überhaupt bei allen, die
für die Nächstgesessenen arbeiteten, dienten sie der Sicherung der
Verbraucher, bei Exportgewerben hielten sie den Ruf der Stadt
aufrecht. So peinlich war in Baden die Brotschau, daß man
hier sogar die Einrichtung der Freibank trifft, die sich sonst nur
als eine der mittelalterlichen· Einrichtungen, die sich bis zum
heutigen Tage bewähren, bei dem Fleischverkauf findet. Auch die
Schau wurde von der Obrigkeit, vom Rat geübt, obwohl es auch ge=
schworene Schauer des Handwerks gab. Diese konnten als Gut=
achter beigezogen werden, aber eine Verpflichtung hierzu bestand
nicht. So war auch die Abschätzung des Brotes Sache öffent=
licher Beamten. Für sie hatte man ein mechanisch wirkendes System
gewählt: der Preis des Roggenbrotes sollte mit dem des Getreides
gleichmäßig auf und nieder gehen; für das Weizenbrot dagegen
hatte man eine gleitende Taxe beliebt, um die Preisbewegung
abzuschwächen. Man wählte jedoch den weniger auffälligen Weg,
den der Bäcker immer schon von selber einschlägt, nicht die Preise
zu erhöhen, sondern das Gewicht des Brotes zu vermindern.
Mit diesen Maßregeln hatte man also nach Möglichkeit den
selbständigen Unternehmer dieses Handwerks auf einen bloßen
Arbeitslohn beschränkt, wie es nicht anders sein kann, wo dem
Handwerker das Recht der eigenen Preisbildung entzogen wird.

Etwas mehr Selbständigkeit haben die Ordnungen den
Metzgern gewährt; denn für dieses Gewerbe ist immer ein ge-
wisser Wohlstand Voraussetzung eines geordneten Betriebes gewesen; aber was man tun konnte, um auch in diesem Gewerbe den
kaufmännischen Charakter zurückzudrängen und den des Amtes her-
vorzukehren, geschah auch hier. Zu bloßen Lohnhandwerkern konnte
man die Metzger nicht machen; die Hausschlachtungen, obwohl
begünstigt, waren in der Minderzahl, und so sehr man wünschte,
die Viehmärkte in die Höhe zu bringen, blieb doch der Einkauf
auf dem Lande das Wichtigere. In der Stadt Baden waren für
den Viehmarkt eigne Makler aufgestellt, um die Preisbewegung
möglichst gleichartig zu gestalten, die Bürgschaft für die Sicherheit
der abgeschlossenen Geschäfte und die Qualität der Ware zu übernehmen. Erst in der Gegenwart und auch da erst in den größten
Städten Deutschlands ist man zu dieser Geschäftsweise, die damals beinahe obligatorisch war, zurückgekehrt. Die Metzger waren
oft Händler; wenn man ihnen bisweilen auch die Wiederausfuhr
des Viehs etwas erschwerte, waren ihnen für ihr Vieh doch die
großen Weiden in den Tälern überlassen; es war ihnen, entgegen
allem sonst geltenden Gebrauch der Handwerke, sogar gestattet,
sich untereinander und mit stillen Gesellschaftern zu assoziieren.

Insoweit hätten wir es hier mit einem Gewerbe, das wir
heute als kleinkapitalistisch bezeichnen würden, zu tun, hätte sich
nicht der eigentliche Betrieb des Handwerks und der Verkauf des
Fleisches in der entgegengesetzten Richtung bewegt. Hier wäre
jede Verbindung mehrerer zu gefährlich für das Publikum er-
schienen. So war denn dieses Handwerk, vom Einkauf abgesehen,
einer noch schärferen Beaufsichtigung als das der Bäcker unterstellt.
Etwa gleichzeitig mit der Erteilung der Stadtrechte war auch in
Baden die neue Metzig erbaut worden; streng wurde jetzt der
Schlachtzwang durchgeführt und mit ihm zugleich die doppelte
Schau durch das Kollegium der Fleischschätzer vor und nach dem
Schlachten; nur beim Kleinvieh wurde später die erste nachgelassen.
Die Klassifizierung war dieselbe wie wieder heute: vollwertiges,
minderwertiges, das auf die Freibank gewiesen wurde, untaug-
liches Fleisch. Finniges Fleisch durften die Metzger selber ver-
zehren, aber nicht verkaufen, augenscheinlich weil man sonst der
unschädlichen Zubereitung nicht sicher war. So hat man, wenn

auch ohne die technischen Hilfsmittel unsrer Zeit, doch dieselben,
teilweise noch strengeren Maßregeln, wie sie jetzt nach langer Ver=
nachlässigung wieder aufgenommen worden sind, streng durch=
geführt.

An die letzte Schau schloß sich die Schätzung; jede Sorte mußte
dann nach Art und Güte besonders gelegt werden. Für den Ver=
kauf aber war wieder die Sorge für den kleinen Bürger maß=
gebend; denn die Metzger begünstigten gern die großen Hoteliers,
die „Herrenwirte", die in der Badestadt, die damals ihre erste
Blüte als solche erlebte, auch sonst den Ton angaben. Der Kampf
war hartnäckig und wurde von der Obrigkeit mit immer genaueren
Bestimmungen geführt, damit auch wirklich jeder Käufer das Stück
erhalte, das er begehrte. So ward denn auch alles im Betrieb
bis ins kleinste geregelt: Blutverwertung und Wurstmachen, die
Dicke der Speckseiten und die Kontrolle der Gewichte, die Knochen=
beilage nicht zu vergessen. Man wird es entschuldbar finden, daß
die Metzger nicht mehr versprechen wollten, als diese Ordnung nach
bestem Wissen zu halten, aber die Zumutung zurückwiesen, sie zu
beschwören; „denn sie wollten nicht außer an Geld auch an der
Ehre gestraft werden". Die Vereidigung aber hätte vollends ge=
zeigt, daß die Obrigkeit ihnen eher ein Amt als ein Geschäft zu=
zuweisen bestrebt war.

So wichtig nun auch solche, dem täglichen Lebensunterhalt
dienende Gewerbe waren, so sehr die „gute Polizei", das Ideal
der aufkommenden Beamtenherrschaft, auch darin bestand, sie in feste
Regeln zu bringen, so wurde es doch zum eigentlichen Ziel einer
tätigen Gewerbepolitik, neue Erwerbszweige großzuziehen, die nicht
nur auf den lokalen Absatz angewiesen sind. Noch gibt es keine
ausgebildete Lehre, keine Summe von theoretischen Überzeugungen,
denen man Geltung verschaffen will, keine merkantilistische Doktrin;
aber schon beginnt eine merkantilistische Praxis, und noch mehr
als auf andern Gebieten der Verwaltung konnte in der Gewerbe=
förderung das Vorbild jener Städte, die über eine alte Erfahrung
geboten, für die Fürsten maßgebend werden. Wo die Städte
selber vom Ausland überflügelt waren, da konnte auch dieses zum
Muster dienen; und wo man etwa schon im eigenen Land Ansätze
vorfand, die man nur weiterzuentwickeln und zu organisieren suchen
mußte, da erwuchsen mit der neuen Aufgabe auch neue Ansichten

und Mittel. Das eben ist es, was auch unser Interesse in An=
spruch nimmt. Auch hier ist Markgraf Christoph von Baden eine
der ausgeprägtesten Gestalten der Übergangsperiode vom Mittel=
alter zur Neuzeit.

Unter allen Gewerben hatte für die Städte die Wollenbereitung,
zumal die Tuchmacherei, von alters her die größte Bedeutung be=
sessen; auch hatte in ihr niemals städtisches Zunftwesen ganz er=
starren können, weil es niemals den belebenden Hauch des Handels
und der internationalen Konkurrenz auszuschließen hatte wagen
können; auch der Landbevölkerung hatte man niemals alle Be=
teiligung, wenigstens an der Herstellung geringerer Sorten, völlig
abstricken können. Auch am Oberrhein hatte dieses Handwerk, dem
in der Geschichte der Kämpfe um die bürgerliche Freiheit eine so
bedeutende Rolle zufällt, eine ruhmvolle Vergangenheit. An der
Straßburger Tucherzunft hat die Wissenschaft unsrer Tage die
ganze Geschichte des deutschen Wollengewerbes orientiert, in Frei=
burg, in Villingen waren andre Hauptsitze. Mit Klugheit und
Energie hatten die Obrigkeiten dieser Städte stets mit oft wechselnden
Verhältnissen zu rechnen, immer auch dem Kaufmann, ja, dem
sonst so leicht beargwohnten Kapitalisten, der sein Geld vorschießt,
einigen Spielraum gewährt. Mehr als je galt es, diese Eigen=
schaften zu bewähren in der Krisis, die mit dem Ende des 15. Jahr=
hunderts über die deutsche Tuchmacherei hereinbrach. In dieser
Zeit machte sich erst recht die Überlegenheit des flandrischen Tuch=
gewerbes geltend; die engere Verbindung mit Burgund und wohl
mehr noch die mit dem steigenden Wohlstand zunehmende Vor=
liebe für feinere Tuche rückten dem deutschen Produzenten den
Wettbewerb näher als früher. Überall wurde, um ihn zu be=
stehen, Verfeinerung der Ware nach flandrischer Weise notwendig.
Nicht überall entschloß man sich hierzu; wo man es tat, fehlte oft
der Erfolg. Straßburgs alte Tuchmacherei ging rückwärts, auch
Villingen konnte die alte Stelle nicht behaupten, bessere Erfolge
hatte Freiburg aufzuweisen. Dies war auch der Zeitpunkt, in dem
Christoph, dem während seiner langen Wirksamkeit in den Nieder=
landen die Bedeutung dieses Gewerbes handgreiflich entgegen=
getreten war, mit seinen Bemühungen einsetzte. Zum erstenmal
unternahm es ein Landesfürst, dieses bedeutende Gewerbe in einem
ganzen Territorium einheitlich zu ordnen. Seine Untertanen

kamen ihm selber dabei entgegen. Auch ohne daß sie eine Zunft
gebildet hätten, wie sie denn auch jetzt keine erhielten, legten 1486
die gesamten Wollenweber von Pforzheim den Entwurf einer ge=
meinsamen Ordnung vor. Unter dem Vorsitz des Landhofmeisters
Wilhelm von Neipperg trat eine Kommission zusammen, die diesen
Vorschlag bearbeitete und dabei auch die Ordnungen aus andern
Städten, namentlich aus dem benachbarten Württemberg, verglich.

Als ein Landesgesetz, das auch nur durch die Obrigkeit ge=
ändert werden konnte, das gar keine Verordnungsgewalt der Städte,
keine Willküren der Handwerksgenossen zuließ, wurde die neue
Ordnung veröffentlicht. Auch weiterhin blieb die Aufsicht den Amt=
leuten, die Erhebung der Bußen den Bürgermeistern zugewiesen,
die Schau, die nirgends eingehender als in diesem Gewerbe ge=
übt wurde, blieb der Obrigkeit vorbehalten. Zwar sollten die Meister
zusammenkommen um der Sachen des Handwerks willen, so oft
ihnen das Gebot verkündet wurde, aber man sieht, daß sie nichts
tun durften als Vorschläge unterbreiten. Doch hatten sie in den
einzelnen Städten geistliche Bruderschaften, zu denen auch die Knechte
beitragen mußten. Wie so oft flüchtete sich der Rest von genossen=
schaftlichem Geist, den man nicht entbehren konnte, unter den
weiten Deckmantel der Religion.

Da nun die Meister keine abgeschlossene Körperschaft bildeten,
so war auch der Beschäftigung von Außenstehenden keine besondere
Schwierigkeit bereitet. Auch hier gab es Bürger, die zum Haus=
gebrauch beim Weber Wolle zu Tuch verarbeiten ließen. So war
es bei den Bauern von jeher allgemein mit dem Leinengarn ge=
halten worden, aber die Tuchmacherei war ein städtisches Gewerbe
und hier war Störarbeit und Heimarbeit von jeher bekämpft worden.
In der Ordnung wurde diese naturalwirtschaftliche Selbstver=
sorgung durch eine Taxe geregelt; wie denn überall das Tax=
wesen da blühte, wo die Heimarbeit einsetzte, indem der Staat
bemüht war, die Arbeitslöhne und die Beziehungen zu den Kunden
einheitlich zu ordnen, ein Bemühen, das sich alsdann auf die staat=
liche Pflege der Hausindustrie übertrug, wo es später ein weit
fruchtbareres Feld finden sollte. Weit wichtiger war es, daß auch
Kapitalisten vielfach Wolle und Garn bei Hausknappen, wie man
die Heimarbeiter hier nannte, verlegten, ja sogar die Webstühle
verstellten. Damit wäre man geradenwegs in die industrielle Or=

ganisation hineingesteuert. So erging es schon damals der
Leinenweberei im Seekreis, wo die großen Gesellschaften, nach=
dem man noch im Anfang des Jahrhunderts das Verlagssystem
bekämpft hatte, erstmals die Macht des Kapitals in der Organisation der Arbeit und des Exports zeigten. Dort aber handelte
es sich um ländliche Heimarbeiter, um deren Selbständigkeit oder Un=
selbständigkeit sich städtische Obrigkeiten gar nicht und ländliche wenig
bekümmerten. Hier dagegen wollte man eine solche Bevormundung
nicht, oder wollte sie doch nur eben so weit zulassen, als sie un=
entbehrlich war.

So suchte man denn auch dem Verlagssystem noch eine Art
naturalwirtschaftlichen Charakter zu wahren: Diesen Verlegern
sollten nur solche Tuche zur Schau zugelassen werden, die sie
von Wolle ihrer eigenen Schafe hatten weben lassen. Damit war
die Betätigung des eigentlichen Kaufmanns, des Wollkäufers oder
Garnkäufers, ausgeschlossen. Doch ging diese Begünstigung der
Webermeister nicht so weit, daß man ihnen allein das Recht auf
die Beschäftigung der Hausknappen eingeräumt hätte. Der Fremde,
der in Baden Tuch weben lassen wollte, ward geradezu eingeladen,
wenn er sich nur den Vorschriften der Schau fügte. Wer wird
da so genau gefragt haben, ob der Besteller, der das Garn selbst
lieferte, nun auch wirklich selber Weber sei? Natürlich wünschte
man, daß die Kaufleute der vier badischen Städte ihren Bedarf auch
im Lande deckten. Der Landhofmeister traf eine solche Verab=
redung mit ihnen, die jedoch sich weder auf seine Tuche erstreckte,
noch einen Zwang enthielt. Doch begründete man sie damit, daß
bisher unnötigerweise solche Ware in Frankfurt gekauft worden
sei, und daß es doch besser sei, wenn der eine bei dem andern
sich im Lande ernähren könne.

So stellte die Ordnung zwar auch den strengen Grundsatz auf:
Kein Bürger solle Garn nach außen zu verweben geben, sondern
die Auswendigen auf dem Land mögen zu weben geben in die
Stadt; aber auch hier beschränkte sie diese Begünstigung der städtischen
Weber auf die feinen Tuche, die nach der Schau, je nach ihrer
Güte mit einem oder mehreren Siegeln gekennzeichnet und nach
Handelsgebrauch zusammengelegt wurden. Das geringe Tuch, das
nicht gesiegelt und das in Ballen gerollt wurde, durften städtische
Unternehmer auch auf dem Land weben lassen und mußten es zur

Schau bringen. So ist denn in der Tat die streng beaufsichtigte Tuchmacherei den Städten verblieben; aus der alten ländlichen Wollenweberei aber hat sich auf dem Lande die Zeugmacherei entwickelt, die zunächst in Baden, später aber in Württemberg zu einem ungeahnten Aufschwung als Hausindustrie kommen sollte.

Mochte man nun auch dem Unternehmer, der außerhalb des Gewerbes stand, wenig günstig gesinnt sein, so brachte doch schon die Tatsache, daß so viele Hausknappen vorhanden waren, die Heimarbeit und das Verlegen von selber mit sich. Sie saßen zum großen Teil draußen auf dem Lande als verheiratete Leute und arbeiteten für einzelne Kunden sowohl wie für Meister — dies das Gewöhnliche —, jedoch immer nur um Lohn. Darum ist es ihnen auch verboten, Lehrlinge auszubilden, damit sie die ihnen anvertraute Wolle nicht durch deren Ungeschicklichkeit verderben. Darum standen sie auch den Handwerksknechten näher als den Meistern. Sie hatten Trinkstube und Kasse mit ihnen gemeinsam. Doch sollten die Bußen gegen die Stubenordnung nur zum „Vertrinken" verwandt werden; alle weitergehenden Zwecke, die diese Gesellenladen so gern aufnahmen, waren ihnen untersagt; denn womöglich noch mißtrauischer als den Verbänden der Meister stand man ihnen gegenüber. Wie viele dieser Hausweber die Meister beschäftigen wollten, war ihnen durchaus freigelassen, während die Anzahl der Gesellen auf zwei, ihr eigener Betrieb also auf drei Stühle — wenn wir einen auf den Lehrling rechnen — beschränkt war, entsprechend dem Vorbild der Reichsstädte.

Da auf technische Hebung des Gewerbes die Hauptabsicht der Ordnung gestellt war, so wurde jetzt erst die Lehre genau geregelt; auch die Hausknappen mußten bei einem Meister das Handwerk in seinem ganzen Umfang gelernt haben, damit es keiner durch bloßes Zusehen abstehle. Trotzdem blieb Streichen, Schlagen, Kämmen der Wolle Hilfsarbeitern überlassen. So wurden auch die Verhältnisse der Gesellen zu den Meistern umsichtig geregelt: Stücklohn 2 bis 4 Pfennig für die Elle, aber Wohnung und Essen, ohne Wein und Licht, beim Meister, wofür 1 β wöchentlich in die Küche geliefert wurde. Das ist wenig, wenn wir bedenken, daß die freilich recht behäbige Armenspeisung in Baden 25 fl. jährlich, das Kostgeld des Hilfslehrers ebendort auf 22 fl. angesetzt war. Der Nahrungsaufwand des Tages betrug also nur soviel wie der Arbeits-

verdienst für 6 Ellen gewöhnlichen, 3 Ellen feinen Tuchs. Die Kün=
digungsfrist war auf eine Woche bestimmt. Der Färber, damals
wie auch noch meistens heute ein Lohnwerker, ist hier überhaupt
ein Beamter des gesamten Handwerks. Die größte Sorgfalt ver=
wendet aber die Ordnung auf die Bestimmungen über die Schau
und die mit ihr zusammenhängenden Produktionsvorschriften. Alle
Stufen der Bearbeitung, alle Gerätschaften, sind bestimmten Vor=
schriften und regelmäßiger Revision unterworfen, wird doch das
Tuch auf dem Rahmen und auf dem Stuhl, vor und nach dem
Walken beschaut und sind doch noch besondre Vorschriften darüber
getroffen, wieviel das Tuch beim Walken eingehen durfte. Tücher,
die verworfen, denen die Salbänder abgezogen wurden, durften
in keiner Weise verkauft werden, während doch bei den ähnlich
strengen Vorschriften der Schau der Bordwaren die verworfenen
Bretter wenigstens in der Markgrafschaft selber benutzt werden
dürfen. Wir müssen schon bis zu Colberts Ordnungen gehen, um
ähnlich peinliche Bestimmungen zu finden. Und hier im beginnenden
Merkantilismus, wie dort auf seiner Höhezeit, sind es dieselben
Absichten, die zu dieser rigorosen Staatskontrolle führen: Beste
Ware für den Export soll geliefert werden; dazu will der Staat
mit aller Strenge das Gewerbe erziehen. So ist denn die Ordnung
Christophs das Probestück der neuen Verwaltungskunst, energisch
fördernd und behutsam ausgleichend, nicht ganz konsequent in den
beiden wichtigen Fragen des Landhandwerks und der nicht ge=
lernten Unternehmer, zögernd in der Erweiterung des Kleinbetriebs
und doch nicht kapitalfeindlich, wie es abwägender Klugheit, die
die Bedingungen ihrer eigenen Zeit überschaut, geziemt.

Es blieb eine wichtige Frage offen, wie sich der Ausgleich mit
den Interessen der Urproduktion vollziehen solle. Die Landes=
ordnung wie die Städteordnungen, gemäß ihren allgemeinen Grund=
sätzen, hatten nur eine Kontrolle, keine beschränkende Organisation
des Wollhandels vorgesehen: alle Wolle mußte auf der gemeinen
Fronwage gewogen werden; ein geringer Zoll, als Ausfuhrzoll
gedacht, war damit verbunden. Da begann die starke Ausfuhr in
welsche Länder — man dürfte auch Flandern darunter verstanden
haben — die heimischen Tuchmacher wie die Regierungen zu be=
unruhigen. Wieder ging Baden mit Gegenmaßregeln voran, im
Jahre 1527, im nächsten Jahrzehnt folgten die Nachbarn seinem

Beispiel, nach 21 Jahren auch das Reich, dies mit weit strengeren
Vorschriften, die wiederum den Einzelstaaten zu verschiedenartiger
Ausführung Anlaß gaben. Wie beim Getreide machte jetzt der
Markgraf den Versuch, ohne den Markt allzusehr einzuschränken,
seiner Preisbildung durch Aufstellung eines Wollenschlags zu Hilfe
zu kommen. Man traut dem Handel, wie dies ja der Grundgedanke
alles Taxwesens ist, nicht recht zu, daß er dieser Aufgabe gerecht
werde. Kurz vor der Schur sollte jährlich in Ettlingen eine ge=
mischte Kommission zusammentreten. Aus den Kreisen aller Be=
teiligten Bürger, Bauern, Wollhändler, Tuchmacher, war sie ge=
bildet; die Herrschaft war durch die Hofküchenmeister und einen
Amtmann vertreten; denn ihre eigenen Schäfereien waren doch die
größten.

Sie betrachtet alle einschlagenden, preisbestimmenden Mo=
mente, Wetter, Heuwachs, Viehstand, Läufe und Käufe des Jahres.
Der Schlag, den sie festsetzt, ist nun zum Unterschied von Wein=
und Kornschlag auch für den Verkauf gültig: nicht mehr als
7 Schilling darf bis Johannis der Preis des Zentners ihn über=
steigen. Bis dahin darf auch keine Wolle ohne besondre Erlaubnis
ausgeführt werden; für die ersten Wochen gilt sogar ein Vorkaufs=
recht der Einheimischen. Von Johannis ab ist aber aller Handel
frei: jeder mag verkaufen, „wohin es ihm beliebt und so hoch er
kann". Nur sollte kein Inländer für den Auswärtigen in Kom=
mission kaufen. Es war im Interesse der Bauern, daß man nicht
weniger als 11 Wollwagen von Pforzheim und Baden bis Graben
aufstellte, im Interesse der Käufer, daß die dort angestellten Be=
amten Aufsicht führten, um alle jene Verfälschungen zu verhindern,
zu denen die Natur der Wolle jederzeit verführt hat, daß die
Wolle nicht feucht zusammengebunden, daß nicht Steine darunter=
geschüttet, daß nicht gute und Zackelwolle untereinander gemischt
seien. Der niedrige Satz des Zolles läßt diesen selbst eher als
eine Gebühr für diese Dienste erscheinen.

Man blieb in Baden im wesentlichen bei dieser Ordnung, auch
als die Reichsbeschlüsse seit 1548 immer mehr Gelegenheit zum
Abschluß gaben. Wenn diese die Ausfuhr der Wolle zu fremden
Nationen bekämpften, die Ausführung dieser Bestimmung aber den
Reichskreisen überließen, so nahmen andre Territorien wie Württem=
berg daraus Anlaß, unter den fremden Nationen das „Ausland",

wie der Schwabe noch jetzt so gern sagt, das ist den nächsten Nach=
barn zu verstehen. In Baden begnügte man sich, mehr im Sinne
des Reichsgesetzes vom Käufer die Bescheinigung zu verlangen, daß
er in einem der drei verbündeten oberen Kreise eingesessen sei und
die Wolle nicht aus dem Reiche führen wolle. Der gemeinsame
Schlag aber verfiel, als die beiden Linien sich getrennt hatten.

Der Handel aber hatte mittlerweile eine Richtung genommen,
die man bei der Einrichtung des Schlages am wenigsten hätte
voraussehen können. So unbedingt überall sonst das Handels=
und Gewerberecht jener Zeit jeden Fürkauf und jedes Lieferungs=
geschäft überhaupt verfolgten — man mag das seinen obersten
Gesichtspunkt nennen —, so mußte man doch von jeher für den
Wollhandel eine Ausnahme machen. Denn der Bauer war nun
einmal gewöhnt, Vorschüsse von den Händlern zu erhalten und
mit ihnen Kontrakte auf Lieferung zu schließen. Auch 1527 hatte
man solche zugelassen, aber verlangt, daß erst später und zwar
auf Grund des Schlages abgerechnet werde. Damit hatte man
ganz geschickt das Wesen des Lieferungsgeschäfts, die vorherige
Preisbindung, zu umgehen gesucht. Der Fürkauf, der Zwischen=
handel aber war wieder den Tuchmachern, die dem Bauern bar
zahlen mußten, vom Händler aber Kredit erhielten, unentbehrlich.
Man sieht es hier recht deutlich, wie das Handelskapital, gefällig
nach beiden Seiten, da nun einmal der verpönte Kredit doch un=
entbehrlich war, die Vormundschaft über beide erhielt. Denn schon
nach 40 Jahren war der gesamte Wollhandel, der für Baden=Durlach
mindestens dasselbe bedeutete, wie für Baden=Baden Holz= und
Weinhandel, in die Hände von nur drei Abnehmern gelangt und
der Handelsgewinn, den sie vom Tuchmacher nahmen, hatte sich
gegen früher verfünffacht (5 fl. statt eines vom Zentner). Die
Bauern waren ihrer sicheren und kapitalkräftigen Abnehmer froh,
die Handwerker um so weniger. Der gute Markgraf Karl wollte
den Zwist lösen, wie man es bei dem sichern Vertrauen in die
Weisheit und Macht des Staates öfters versuchte: durch ein Monopol.

Schon vorher war der Mächtigste unter jenen drei Wollhändlern
der Amtmann von Knielingen gewesen, dem die Verwertung der
Wolle aus den großen herrschaftlichen Schäfereien übertragen war.
Jetzt wurden zwei Beamte damit beauftragt, alle Wolle zu kaufen
und die nötigen Vorschüsse zu geben. Der gemeine Landschlag,

aber auch die Preise der Nachbarschaft sollten gelten; mit andern Worten: man überließ den beiden amtlichen Händlern, die ihr ganzes Vermögen einschossen, die Preisbildung nach ihrem Gut= dünken. Sie selber, aber auch die Herrschaft und die Bauern standen sich ganz gut bei dem Monopole, aber die Klagen der Ab= nehmer verschwanden begreiflicherweise nicht, sondern steigerten sich von Jahr zu Jahr. Die Pforzheimer Handwerker waren schlechte Zahler; mit den einzelnen trat der Großhändler ungern in Ver= bindung; sie wieder wollten in jedem Fall vor allen Auswärtigen begünstigt sein und wußten, daß sie damit auch bei der Regierung eine Saite berührten, die in gleichem Tone nachklang. Aus dem Staatsmonopol war tatsächlich rasch ein Großhandelsgeschäft ge= worden, dessen Inhaber zugleich auch noch Amtmann in Durlach war. Dem Manne lag bald gar nichts mehr an seinem Staats= monopol, da er doch ein tatsächliches besaß, er bekannte sich als einen entschiedenen Anhänger der Handelsfreiheit, wenigstens wenn man aus seinem Monopol Verpflichtungen zugunsten der Abnehmer herleiten wollte. Er hatte dabei alle Bauern hinter sich, die er gut kannte, zu behandeln wußte — und die er alle mit Vorschüssen tief in seiner Tasche sitzen hatte.

Vermittelnde Versuche waren vergeblich; aber nach dem Tode jenes Monopolisten (1580), Richard Henneberg von Durlach, trugen die Gewerbetreibenden den vollen Sieg davon. Und da eben in jener Zeit die Wollengewerbe in Pforzheim wirklich stark in die Höhe kamen und sich einen stattlichen Export erwarben, ging man sinnlos auf ihre sämtlichen Wünsche ein: man versuchte den Handel ganz zu vernichten, nur den Handwerkern den Kauf und die Losung zu sichern, aber nur jedem zum eigenen Bedarf. Man hatte sich dabei an das württembergische Vorbild gehalten.

Auf die Dauer war aber dieses System noch weniger durch= führbar; immer wieder neue Versuche wurden gemacht. Einen bescheidenen Fortschritt hatte man zu bezeichnen, als die Tuch= macher zum gemeinsamen Einkauf überzugehen wünschten; sie stellten eigens für die Hardtbauern einen Faktor in Durlach an; aber das Kapital von 400 fl., das sie ihm überwiesen, um daraus Vor= schüsse zu machen, war doch gar zu geringfügig. Der Handel und mit ihm die Ausfuhr kamen immer wieder, und nur im äußersten Notfalle machten die Tucher einmal gegen ihn von ihrem Losungs=

recht Gebrauch. Da hatte es auch wenig zu besagen, daß die Landesordnung von 1622 alle sie begünstigenden Maßregeln in ein System brachte. Sie blieb ein toter Buchstabe, und nach dem Dreißigjährigen Kriege war es einstweilen so wie so mit der selbständigen Wollenindustrie zu Ende. Da mochte man, wie so vieles, was im 16. Jahrhundert Gegenstand lebhafter Kämpfe gewesen war, auch diese Bestimmungen gedankenlos fortschleppen —; sie hatten ihren Sinn verloren.

Wenn man aber allein aus diesen Streitigkeiten mit Händlern und Bauern das badische Wollengewerbe des 16. Jahrhunderts beurteilen wollte, würde man ihm doch Unrecht tun. Man weiß ja, wie man zu allen Zeiten die Urteile streitender Interessentengruppen übereinander auf die Wage zu legen hat. Die Ordnung, die Christoph gegeben, die erhöhte Bürgerfreiheit und verstärkte Selbstverwaltung der Städte, welche bald nachfolgten, bewährten sich aufs beste. Die kleineren Städte freilich nahmen an dem Aufschwung weniger teil, aber die wichtigste Stadt des Landes, Pforzheim, entwickelte sich zu einem für jene Zeiten bedeutenden Gewerbeplatz. An einer Krisis in der Zeit des Bauernkrieges hatte man nicht lange zu tragen. Die Tuchmacherei blühte so auf, daß, die Hausknappen ungerechnet, man jetzt jedem Meister fünf Gesellen zulassen konnte und mußte. 40 Meister zählte man in Pforzheim. Aber doch hatte sich nicht ganz in der Richtung, wie es sich Christoph gedacht hatte, das Gewerbe entwickelt. Er hatte feine Ypersche Tuche ins Auge gefaßt, und gerade umgekehrt waren es die neuen Modestoffe, Serge, Engelsait und Distelsait, die in der Markgrafschaft sich einbürgerten. Sie wurden zwar aus feiner, langer Wolle hergestellt und zeigten sattere Farben als die Tuche, aber sie waren leichter gewebt, und daher bedurfte es für sie nur einer kurzen Lehrzeit. Das aber entsprach ganz den Arbeitsbedingungen dieser Gegenden, wo Hausknappen und Landmeister überwogen. So entwickelte sich denn dieses neue Gewerbe, die Zeugmacherei, wie es in dieser Zeit raschen Einströmens der kapitalistischen Betriebsweise geschah, zur Hausindustrie. Die Unternehmer gehörten zum großen Teil jenen eingewanderten Hugenotten an, die damals überall, wo man sie zuließ, neues Leben in das erstarrende Bürgertum brachten.

Die Tuchmacher dagegen blieben ein bürgerliches Handwerk. In

den Streitigkeiten der beiden feindlichen Brudergewerbe erklärten
wohl die Zeugmacher: „Wir wollten auch wohl gern ein ruhig, müßig
Handwerk treiben; wir haben es aber nicht gelernt, sondern müssen
mit Unruh uns und unsre Kinder ernähren, und ob Gott will, wie
Biederleuten geziemt" und sie spötteln etwas über die mangelnde
Voraussicht, die beim Tuchergewerbe üblich sei: „Es ist der Tuch=
macher alter Brauch, wann die Nahrung am besten ist, daß sie
dann meinen: man hab's gewiß; wann man's dann also über=
sehen hat, muß die Unschuld herhalten". Wohl waren die Tucher
unzufrieden, daß sich diese Betriebe voneinander getrennt hatten,
nachdem doch früher auch in jeder ihrer Werkstätten ein Engel=
sait=Webstuhl gestanden, noch mehr, daß ihnen die feinste Wolle
entzogen werde, am meisten, weil der Lohn der Spinnerinnen durch
den Wettbewerb um sie verteuert werde; sie hätten eine Einschränkung
des neuen Gewerbes gewünscht. Hier aber zeigte sich die Über=
legenheit der werdenden Industrie. Die größere Anzahl der Stühle
in ihren Betrieben erklärten die Zeugmacher damit, daß sie all
das Garn aus den Dörfern ankauften, nicht Wolle verlegten, daß
sie Kinder und Frauen anlernten. Auch betrieben sie einen schwung=
haften Veredlungsverkehr: Aus der ganzen Nachbarschaft würden
ihnen die roh gewebten Zeuge zugeschickt und sie hätten mit dem
Ruhm ihrer Farben der Stadt einen großen Zugang gemacht.
Indem man nun die Gewerbe trennte, mußte man doch auf die
Dauer auch den Zeugmachern, wenigstens für ihre kurzen Wollen,
das Recht Tuch zu machen, den Tuchern für ihre langen die Zeug=
weberei lassen.

Das Gewerbe nahm weiter zu, zunächst auch noch die kapi=
talistische Gestaltung, indem die einzelnen Werkstätten sich ver=
größerten. Aber gerade sie erweckte die Eifersucht der kleineren
Betriebe. Auch dieses Gewerbe wurde vom Zunftgeist erfaßt, und
Schritt um Schritt drang er vorwärts. Schon war im Laufe der
Zeit den Bürgern das Recht Tücher weben zu lassen, eingeschränkt
worden; die Tuchmacher, die nur selbstverfertigtes Tuch feilbieten
sollten, waren schärfer als früher von den Tuchhändlern geschieden
worden; auch wirklicher Fortschritt, wie der Erwerb und die Er=
bauung größerer Walken durch das gesamte Handwerk, hatte den
engeren Zusammenschluß der Meister, die nun ein beträchtliches
Einkaufsgeld zahlen mußten, gefördert; die Auseinandersetzung mit

den Zeugmachern ließ sie ihre Handwerksrechte noch enger fassen.
Jetzt von 1580 ab begannen nun auch die Zeugmacher in dem
freien Wettbewerb, in dem Mangel einer genauen Regelung der
Lehre, die Mängel zu sehen, wie sie bisher nur die Vorteile ge=
sehen hatten. Noch war die erste Ordnung, die sie erbaten und
erhielten, ziemlich weitherzig, noch währte es 40 Jahre, bis beim
Erlaß der Landesordnung Georg Friedrichs, auch sie ihre aus=
gebildete Zunft erhielten, der engsten eine, nach der üblichen
Schablone mit ängstlicher Bekämpfung alles Fürkaufs, mit Ein=
schränkung der Lehrlingszahl, mit unerhörter Begünstigung der
Meisterssöhne und Schwiegersöhne und was sonst die Zierden einer
regelrechten Zunftverfassung waren. Noch waren die Pforzheimer
Tücher= und Sergenweber ein Handelsgewerbe geblieben, das seinen
Absatz auf den Messen sucht; solche Ordnungen aber mußten den
Handelsgeist knicken. In eben jener Zeit hatte man in Württem=
berg, das sonst so oft mit ängstlichen Gewerbeordnungen zum Muster
diente, den kühnen Schritt getan, im benachbarten Calw das Hand=
werk zu einer Handelskompanie umzugestalten, es unverholen zu
einer kapitalistischen Organisation zu machen und ihm die Ent=
wicklung der Hausindustrie rings im Land, den Export ihrer Waren
außer Landes, zum Wirkungsfelde anzuweisen.

Im Jahre 1544 hatten die Pforzheimer Zeugmacher auf die
ersten Angriffe der Tucher mit dem richtigen Hinweis erwidert:
„Kein Flecken rings um uns herum ist so klein, daß man nicht
Engelsait mache; so man's hier nicht macht, wird's darum nicht
unterwegen bleiben". Es war so gekommen, wie man damals
vorausgesagt hatte: Der Geist des Kapitalismus trug in diesem
Handelsgewerbe den Sieg über den Geist der Zunftbeschränkung
davon. Aus der Markgrafschaft aber blieb er verbannt.

Das aber war seit Christophs Zeiten der allgemeine Gang der
Gewerbeentwicklung in Baden gewesen. Unter Philipp I., der
seinem Vater am nächsten gestanden, wurden Christophs Traditionen
noch leiblich gewahrt; dann waren sie wie ausgelöscht. Und war
eine so ausschließlich polizeiliche Reglementierung, wie sie seine
Bäcker= und Metzgerordnung zeigt, wirklich auf die Dauer zu halten?
Mußte nicht der Geist der Selbstverwaltung, den er einmal wach=
gerufen und doch beschränkt hatte, nicht um sich greifen? Gerade
in dem so viel besser verwalteten Baden=Durlach ging man zuerst

entschieden zur Zunftverfassung über, und gerade das rüstig vor=
wärts strebende Pforzheim sah es wie einen Ehrenpunkt an, auf
gleichen Fuß mit andren angesehenen Städten zu kommen. Die
neue, kleine Residenz Durlach tat aber immer, was Pforzheim
vormachte. Als nun Württemberg in Ulrichs späterer Zeit und
unter Herzog Christoph mit hausväterlich genauer und in seiner
Art umsichtiger Regelung aller gewerblichen Verhältnisse voranging,
verfehlte auch dies Beispiel nicht den Eindruck. Schon in Christophs
letzten Jahren beginnen die städtischen Ordnungen von Zünften;
die Bäcker fingen an, die andern Handwerke folgten nach; der Rat
fühlte sich ganz als Vertreter der Gewerbe, faßte er doch einmal
sogar den Beschluß, daß kein Pforzheimer Bürger, bei 10 Schilling
Strafe, bei auswärtigen Handwerkern, ohne besondre Erlaubnis des
Bürgermeisters, arbeiten lassen dürfe — und die Regierung be=
stätigte, was der Rat vorschlug. So eingeschränkt diese Ordnungen
waren, sie vertrugen immer noch Verschärfungen. Alles war in
diesen Statuten darauf berechnet, die einzelnen Meister möglichst
gleich untereinander zu machen, was doch nicht anders geschehen
konnte, als daß man den Regsameren zurückhielt, ihn in Lehrlings=
und Gesellenzahl, im Einkauf seiner Rohstoffe, im Aufsuchen seiner
Kundschaft beschränkte: Er hat zu warten, bis der Kunde zu ihm
in die Werkstatt kommt; das schien der Würde eines Meisters allein
angemessen. Dafür aber werden die Maßregeln gegen das Arbeiten
auf den Dörfern immer noch verschärft; die Begünstigung der
Bürgerssöhne und der Familie aber mit Liebe gepflegt. Eine ge=
wisse Wohlhäbigkeit ist überall erkennbar, aber die innere Trieb=
kraft erschlafft.

Lange dagegen hat sich die Stadt Baden der Zünfte erwehrt;
denn es war die Badestadt, und der Rat rechnete mit den fremden
Besuchern und ihren Ansprüchen. Die Handwerker selber freilich
hätten lieber gerade daraus umgekehrt gefolgert, daß man nur sie
an den Fremden verdienen lassen solle. So die Schneider, die im
Jahr 1563 eine Zunft verlangten wie die in Pforzheim, auf das
man, als das alte Haupt der badischen Städte auch nach der Landes=
trennung noch immer sein Aufsehen hatte. Sie klagten über die
viele Unordnung unter ihnen, die manche kaum das Brot für
Weib und Kind verdienen lasse; sie meinten gut demokratisch: „Es
sei doch das Amt eines Fürsten, die Armen so gut wie die Reichen

zu ihrer Wohlfahrt zu befördern; das könne aber nicht sein, wenn etliche Meister mit 4, 5 oder 6 Knechten säßen und mit solchem unmäßigen Gesinde andern Meistern alle Kunden entzögen. Dann kämen auch zur Sommerszeit viele Stümper ins Bad und arbeiteten für Fremde und Einheimische. Darum brauchten sie eine gute, gleiche Ordnung, damit einem widerfahre wie dem andern, und einer sich mit dem andern erhalten könne." Denn dieser Appell war immer der letzte Trumpf!

Der Badener Rat aber war andrer Meinung; er blieb noch auf Christophs Standpunkt und erklärte rundweg: „Er wolle von keiner Zunft etwas wissen, denn die Erfahrung ergebe, daß solche Ordnung den Handwerkern mehr nützlich und dienlich sei, als ihren Kunden, denen sie arbeiten". Freilich zeigte sich bei diesen Anhängern der Gewerbefreiheit auch jene Gleichgültigkeit, die so lange von dieser Gesinnung unzertrennlich geschienen hat; denn als die Regierung die Arbeitszeit für Störarbeiter beschränkte, protestierte der Rat: „Wenn auch der Schneider im Hause eines Bürgers ½ Stunde oder eine Stunde länger als die geordnete Zeit arbeite, so solle man ihn deshalb doch nicht strafen". Das aber war viel mehr im Sinne des Bürgers als des Meisters geredet.

Die Zunftverfassung kam dennoch auch hier zum Durchbruch. Markgraf Philipp II., dessen Gesetzgebungseifer wir schon kennen, hat sie eingeführt. Sie gehörte eben jetzt nach allgemeiner Ansicht zur guten Polizei. Der Landtag in Rastatt, dem 1580 die Vorlage gemacht wurde — denn nicht ohne seinen Rat wollte man diesen Schritt tun, obwohl sich sonst die Stände um die Gesetzgebung nicht zu kümmern hatten —, entschied nach einigem Zögern, daß man sich dem Vorgehen von Baden-Durlach anschließen wolle, da in den beiden Städten Pforzheim und Durlach die Zünfte unverändert bleiben sollten. Den Bedürfnissen des Badepublikums kam man aber in der etwas seltsamen Weise entgegen, daß man jene vermeintlichen Stümper, die mit den Sommergästen kamen und gingen — es waren also in Wahrheit seine Saisonschneider — auch nur auf diese Gäste verwies, während der Badener bei Strafe nur beim zünftigen Mitbürger arbeiten lassen durfte. Der ehrsame, altväterische Bürgerrock sollte also nicht mit dem modischen Kleid der zwar gern gesehenen, aber nicht für nachahmenswert befundenen Kurgäste verwechselt werden. An diesem

Punkte ist aber fast genau 200 Jahre später der erste Kampf um
die Gewerbefreiheit entbrannt, als in Baden-Baden ein tapferer
Schneider allem Protest zuwider ein Maßgeschäft für Gäste und
Honoratioren der Umgegend eröffnete, und sein Recht, Handel
und Gewerbe miteinander zu vereinigen, trotz aller Verurteilungen
durchkämpfte, bis ihn der juristische Scharfsinn des späteren Gesetz-
gebers Badens, Brauer, zu Hilfe kam, so daß die erste und
wichtigste Lücke in den Zunftzwang gebrochen wurde.

Der Fortschritt der Lokalzünfte, auf die sich die sonst wider-
streitenden Interessen der Regierungen und der Ortshandwerker
vereinigten, zeigt sich am deutlichsten in den Umwandlungen, denen
sich die größeren Gewerbeverbände unterziehen mußten, die ohne
eigentliche zunftmäßige Verfassung und ohne Rücksicht auf besondere
Stadt- und Landgrenzen sich aus freier Willkür der Gewerbe-
genossen gebildet hatten. Solchen Verbänden waren die Territorial-
gewalten wenig geneigt, weil sie sich mehr als alle andern ihrer
Regelung und beständigen Beaufsichtigung entzogen; sie mußten
sie leidlich da passieren lassen, wo sie den Schutz des Reiches oder
mächtiger Schutzherren genossen. Da solche Verbände aber auch
Gewerbe umfaßten, die weit zerstreut waren und von der Freizügigkeit umfassenden Gebrauch machten, traten ihnen doch wieder
die Vorteile lebhaft entgegen, durch Ordnungen dieser Art sie vor
der Zerfahrenheit und Verwahrlosung zu bewahren. Daraus er-
wuchs den Obrigkeiten das Ziel, statt allgemeiner Verbände Landes-
verbände zu schaffen, und diese Form war dann auch leicht zu
verwenden, um jene Handwerke, die man den Bauern hatte lassen
müssen, zusammenzufassen und mit ihrer Hilfe die jeweiligen Ziele
der Gewerbepolitik zu erreichen.

Der weitaus angesehenste dieser Verbände war der große Bund
der Steinmetzen und Maurer. Er genoß weitgehende kaiserliche
Privilegien, er hatte gleichmäßig seine Einteilung, der sich an die
großen Bauhütten anlehnte, über ganz Deutschland ausgebreitet,
und da er ohne Unterschied Meister und Gesellen umfaßte, hatte
er die Lehre und das Arbeitsverhältnis und alle Rechtsprechung
über diese wichtigsten Fragen, die nirgends mehr als im Bau-
gewerbe zu Streitigkeiten Anlaß geben, einheitlich geordnet —;
eine der großartigsten gewerblichen Organisationen, die die Wirtschaftsgeschichte kennt, ein Abbild und auch eine Bedingung des

gotischen Stils, seiner Einheitlichkeit und seiner Anpassungsfähig-
keit! Nur hatte der Steinmetzenbund eigentlich allein die „großen,
beständigen Bauten", die nie endenden Dome, die Rathäuser, die
Fürstensitze im Auge. Hier, wo Dutzende, ja Hunderte von Meistern
und Gesellen zusammenströmten, war er unentbehrlich, um die
kleinen Bauten bekümmerte er sich wenig; so ließ er z. B. für
jene nur die Arbeit im Taglohn, für diese auch das Gedinge zu.
So konnten neben ihm ruhig die Zünfte der Bauleute in den
Städten bestehen.

Die fürstliche Verwaltung dagegen hatte gerade ein Interesse
daran, das kleine Bauwesen zu regeln. Landesbauordnungen waren
ihr Ideal, die nicht nur die Baupolizei, sondern auch die Preise
bestimmten und Nebenzwecke, wie die Holzersparnis, verfolgten.
Schon Markgraf Christoph hatte in seine Landesordnung solche Bestimmungen aufgenommen; im Jahre 1568 ist dann in Württemberg
das Muster aller dieser Bauordnungen mit peinlicher Sorgfalt und
Umsicht erlassen worden. In ihr war jeder Zusammenhang von Handwerkern, der sich über die Landesgrenzen erstreckte, streng verpönt.
Aber gerade in Württemberg zeigte es sich dann doch, daß man bei
den großen Schloßbauten in Stuttgart ohne den Bund nicht aus-
komme. In Baden dagegen riefen erst beim Beginn des 17. Jahrhunderts die kleinen Meister den Schutz der Regierung an. Wie in
jener Zeit italienische Einzelhausierer und Kompanien im Oberland immer mehr den Handel an sich zogen, so wurden diese Gegenden
auch mit welschen Maurern überflutet, jenen Komasken, die von
der Zeit des langobardischen Volksrechts bis auf unsre Tage als
geschickte Wanderarbeiter in und außer Italien ihr Brot suchen.
Die Amtleute nahmen sich ihrer eifrig an, wie sich heute alle bauenden
Behörden der Italiener annehmen: Nur sie, hieß es, legten der
Überteuerung und der Nachlässigkeit der einheimischen Maurer
einen Zügel an. Das überwog das Bedenken, mit dem die badischen
Maurer mit Grund hoffen konnten, bei der Regierung Gehör zu
finden, daß diese Fremden das Geld aus Deutschland holten und
wieder davon zögen. Doch erhielten sie 1609 ihre Zunft unter
der Bedingung, daß bei Versäumnis und unbilliger Steigerung
man auch die fremden Maurer zuziehen dürfe. Georg Friedrich
hat dann in die Landesordnung auch nach dem württembergischen
Muster eine detaillierte Bauordnung aufgenommen. Sie unter-

warf das Gewerbe der strengen Staatsaufsicht, machte jedoch der Selbstverwaltung einige Zugeständnisse und band die Zünfte so streng an ihren Wohnsitz, daß es jedem Meister verboten war, in einem andern Amtsbezirk Arbeit anzunehmen. Das war so ziemlich das Gegenteil von dem, was einst der Bund der Steinmetzen und Maurer erstrebt hatte.

Hatte der fremde Wettbewerb die badischen Maurer auf die Bresche der bedrohten Heimat gerufen, so machten umgekehrt die badischen Mitglieder eines andern großen Gewerkverbandes, der Kupferschmiede und Keßler, ihren deutschen Genossen durch Absonderung und Begünstigung der Welschen Konkurrenz. Dieses Gewerbe,, früher in der Zeit des kupfernen Kessels, den das Eisen jetzt fast verdrängt hat, von größerer Bedeutung, unterlag als ein Hausiergewerbe in der Tat der beständigen Gefahr der Ausartung. Es war damals durch das Eindringen von Zigeunern und Welschen besonders bedroht. Seit Kaiser Ruprecht stand das ganze Gewerbe als ein Reichslehen unter dem Schutz des Kurfürsten von der Pfalz; es war in Bezirke geteilt, deren jeder als pfälzisches Afterlehen wieder einer Adelsfamilie zugeteilt war. In jedem Bezirke herrschte Freizügigkeit, aber keiner sollte in den andern übergreifen. Die Brudertage mußten unnachsichtlich besucht werden; dann strömten in den zwei oberrheinischen Bezirken die sämtlichen Keßler in Alzei und in Breisach zusammen; es wurde Gericht gehalten und eine bei fahrenden Leuten ganz erwünschte strenge Sittenaufsicht geübt. Die Pfälzer Kurfürsten aber, die sich nicht so leicht eines ihrer Rechte über Untertanen fremder Herren entgehen ließen, wachten eifersüchtig über diese seltsamen Lehensleute, die unter anderem ihnen auch zu Kanonierdiensten verpflichtet waren; aber auch die Reichsstädte, deren Zünfte Mitglieder des Keßlerbundes waren, nahmen sich seiner entschieden an.

Es konnte nicht fehlen, daß auch hier Lokalinteressen sich geltend machten und hinter den Reichsschlüssen gegen Mißbräuche der Handwerker, verbotenes Korrespondieren, angemaßte Rechtsprechung usf. Zuflucht suchten. In einer Zeit, als es sonst in Baden-Baden noch gar keine Zünfte gab, im Jahre 1560, begehrten die dortigen Kupferschmiede den Ausschluß aller Fremden. Sie erhielten, dem noch geltenden Gewerberecht gemäß, den ablehnenden Bescheid: „Es solle beim alten bleiben; sonst wären die

Bauern gezwungen, ganz nach ihrem Belieben alte Ware zu geben
und neue zu kaufen; ein jeder, der mit redlicher Hantierung um-
gehe, habe Fug und Macht, im Lande zu verkaufen". Nun aber
stellten sich die Kupferschmiede ihrerseits auch auf den Boden der
Gewerbefreiheit und fingen an, mit aller Macht für die welschen
Keßler zu arbeiten. Sonst versorgten sich diese doch — so meinten
sie — in Schwaben mit andrer Ware. Dadurch aber gerieten sie
in noch stärkeren Zwist mit dem Keßlerbund, der die Gesellensperre
über sie verhängte. Da schienen nun die „Mißbräuche des Handwerks" handgreiflich, und der Markgraf verwahrte sich entschieden
vor diesem Eingriff in seine fürstlichen Rechte. Aber der Breisacher
Brudertag und etwas höflicher der Straßburger Rat blieben die
Antwort nicht schuldig: „Kein Reichsabschied", so ließen die Keßler
verlauten, „könne vermögen, daß man wider redliche Handwerker
Ungerechtigkeit und Mißbrauch gestatten solle. Sie hätten gut
Fug und Recht, dieweil sie hierum von dem heiligen, römischen
Reiche, von Kaisern und Königen gefreit seien. Wie könnten sie
Männern, die sich ihnen weder gleich noch gemäß hielten, sondern
andern zu Halsstarrigkeit und Ungehorsam Ursach gäben, den
Gruß nach Handwerksbrauch ansagen oder ihnen Gesinde fördern
lassen?" Die Badener Kupferschmiede aber wollten sich weder ein-
kaufen noch verpflichten; sie wollten nur das Monopol in ihrem
Ländchen und erklärten: „Ihnen liege ja an sich gar nichts an den
Welschen, aber sie wüßten auch, wem sie allein mit Eiden und
Pflichten verbunden seien, und möchten sich nicht mit andern Eiden
verstricken" — eine Berufung, die selten bei einem Fürsten ver-
sagte. Sie erhielten in der Tat ihr Monopol; aber sie haben
es doch auf die Dauer gegen die Aussperrung, gegen die ihr
Landesherr ihnen nicht helfen konnte, nicht aufrecht erhalten können.

Das zerbrechliche Topfgeschirr, minder wertvoll als das
kupferne, teilte vielfach seine Schicksale. Auch die Hafner waren
großenteils auf den Wanderbetrieb angewiesen, den sie von ihren
Betriebsstätten aus versahen. Uralte Gewohnheit läßt noch heute,
nachdem längst eine mächtige keramische Großindustrie erwachsen
ist, den Bürger und Bauersmann sich am liebsten auf dem Jahr-
markt mit Topfgeschirr versehen; und auch der Hausierbetrieb von
dem wandernden Wagen aus, der mit Krügen und Pfannen be-
hängt ist, hat sich noch erhalten. Aber mit den Verbänden der

beiden Gewerbe ging es wie in der Fabel von den reisenden Töpfen.
Die Keßler, gefreit vom heiligen Reich, von Kaisern und Königen,
setzten sich mit Stolz durch; die Hafner, die, meist selber Leib=
eigene, bei ihren Tongruben auf den Dörfern saßen, mußten sich
an die Landesherren halten und hatten dann auch für ihren Landes=
verband nur ein halbes Herz. In der Markgrafschaft war ein Haupt=
sitz dieses Gewerbes in und um Baden, wo das Dorf Hauen=Eberstein
(Hafner=Eberstein) nach ihnen hieß, und im Oberland am Kaiser=
stuhl. Markgraf Christoph hatte ihnen 1512 eine Ordnung und
einen Brudertag, jährlich in einer der badischen Städte, gegeben.
Es war keine Zunft, der Grundsatz völliger Gewerbe= und Verkehrs=
freiheit blieb gewahrt; nur beim Ofensetzen machte man eine kleine
Ausnahme, aber auch da nur für gewöhnliche Arbeit, nicht für
fremde, künstliche, deren in der Markgrafschaft keiner erfahren wäre.
Nur das Hausieren, mit dem nun einmal weder rechte Handwerks=
ehre, noch rechte Preisbildung bestehen konnte, sollte verboten sein;
dafür aber sollten sie heimische und fremde Märkte desto fleißiger
besuchen. Je länger, je mehr aber machte sich der Lokalgeist geltend.
Bald die Durlacher, bald die Badener waren im Besuch der Bruder=
tage lässig, einig waren sie nur in ihrem immer erneuten Begehr
nach Ausschluß der Fremden; denn die Markgrafschaft sei um
der in ihr herrschenden Freiheit willen der Schlupfwinkel für alle
vertriebenen Hafner geworden. In der Tat hatten sich bereits
sämtliche Nachbarstaaten abgeschlossen, und es war für Baden schwer,
wo doch die Handwerker selber nichts anderes wollten, allein an
den alten freieren Grundsätzen festzuhalten. So wurden den Bruder=
schaften immer mehr Rechte der Zünfte verliehen; am liebsten
hätten die Hafner sie als solche aufgelöst; aber noch Georg Friedrich
hat sie neu organisiert und auch in Landesteilen, wo sie bisher
nicht gehalten waren, in Rötteln=Sausenberg, neu eingeführt.

Doch gab es auch einen Gewerkverband, den man gewähren
ließ und der nützlich wirkte, obwohl er die Landesgrenzen geradezu
durchschnitt, den der Seiler. Franken und Schwaben hatten nach
der uralten Einteilung her hier ihre besonderen Verbände, so daß
die Grenze mitten durch die Markgrafschaft ging, die Steinbacher
und Bühler zu den Ortenauern hielten und gemeinsam von
Straßburg ihr Recht nahmen. Sie hielten fest am freien Zug und
gaben ihrem Landesherrn, um ihn zu schützen, 1 fl. Schirmgeld auf

den Kopf. Ihre Brudertage verfügten über eigene Umlagen und er=
hoben Pönen von falschem Gewirt. Noch 1724, als Baden=Baden
seine eigene Zunft stiften wollte, sträubten sich die Steinbacher und
die Ortenauer hartnäckig dagegen, mit den Unterländern zusammen=
gelegt zu werden — eine letzte Erinnerung daran, daß die Landes=
zünfte der Todfeind der Vereinsfreiheit und des historischen Zu=
sammenhanges seien.

Solche Erwägungen stellten Bauern, die zugleich ein Hand=
werk betrieben, nicht an. Sie hatten keine besonderen Wünsche
nach Genossenschaften und Selbstverwaltung; gab sie ihnen die
Regierung, so ließen sie es sich auch gefallen. Das zeigt sich
recht bei den Hänfern, die die Vorarbeit des Seilers, aber doch ge=
wöhnlich im Lohn der Bauern, taten, während der Seiler das
gehechelte Werg kaufte. Auch sie erhielten 1607 ihre Landes=
zunft für die Markgrafschaft Hachberg, ihren Hauptsitz; sogar ein
Meisterstück wurde eingeführt, aber wer es nicht macht, heißt es,
soll doch von der Arbeit nicht ausgeschlossen sein.

Allverbreitet war die Leinenweberei. Sie war überall ein
ländliches Handwerk geblieben, wie die Tuchmacherei ein städtisches,
und das entsprach der Tracht, da bis zu jener Zeit der Tuchrock den
Bürger, der Leinenkittel den Bauern kennzeichnete. Im Seekreis
und in Schwaben hatte sich freilich die Leinenweberei schon im
Mittelalter, im 13. Jahrhundert, zu einem Exportgewerbe ent=
wickelt, auf dem die Handelsblüte von Konstanz beruhte, in der
Rheinebene, wo überwiegend Hanf gebaut und verwebt wurde,
blieb sie Heimarbeit im Dienst der Bauern, und in den Ge=
birgsgegenden war sie, wie noch heute, als Störarbeit verbreitet.
So patriarchalisch sich nun auch diese Beziehungen gestalten mochten,
die noch heute in ihren nicht unbeträchtlichen Resten uns immer
wieder dasselbe Bild gewähren, so gab es doch Anlaß zu Streit
und wechselseitigen Beschwerden genug. Als erst einmal die über=
zeugung feststand, daß der Staat alle wirtschaftlichen Beziehungen
der Untertanen zueinander zu ordnen berufen sei und dies am
besten in der Form des Zunftwesens tue, erkor man sich die Leine=
weber zu einem Lieblingsgegenstand dieser Tätigkeit.

Die Markgrafschaften scheinen hier allen andern Territorial=
staaten vorangegangen zu sein: von 1584 bis 1590 erhielten Hach=
berg, Rötteln, Baden=Baden ihre Landeszünfte. Man sieht es

den Ordnungen recht an, wie arme Gesellen diese Leineweber waren; es wurde wohl ein Lehrgeld gefordert, das aber doch nur der Beköstigung im Hause des Meisters entsprach, aber gewöhnlich wurde es nicht gezahlt, sondern der Geselle arbeitete ein bis zwei Jahre im Hause des Meisters ohne Entgelt weiter. Später arbeitete er dann beim Meister auf dessen Stuhl „um den Halben", das heißt, er erhielt die Hälfte des Lohnes, den der Kunde zahlte, während der Meister die andre Hälfte als Entgelt für den Stuhl, als Kapitalgewinn bezog. Bei allen rechten Zünften galt es als Grund= bedingung, daß der Lehrling in alle Kenntnisse und Fertigkeiten des Handwerks eingeführt werde; hier dagegen gab es nur wenige, die bis zur höchsten Stufe, zur Bildarbeit, das ist den gewürfelten Damasten, und zum „Bettlersetzen" gelangten. Das waren wohl die selbständigen Meister, die zum Verkauf arbeiteten; sie mußten denn auch drei bis vier Jahre lernen. Die Einheimischen brauchten nur Barchent, Golschen und Gugler, Halbtuch und Dobler, so unter= schieden, je nachdem reines Leinen oder gemischt mit Baumwolle und Wolle gefertigt wurde; und dafür langten zwei Jahre Lehr= zeit. Dazu kamen noch die Schleierweberinnen, die nur Stücke, nicht fortlaufendes Tuch webten. Überall wurden Kommissionen von Schaumeistern eingesetzt, weniger um zu bestimmen, was gute Kaufmannsware sei, als um den üblichen Zank mit den Bauern zu schlichten; denn wie bei aller Heimarbeit, bezichtigte man sich untereinander der Unehrlichkeit. Der wohlwollende Gesetzgeber aber tröstete sich, daß bei einer guten Ordnung die Ämter des täg= lichen Überlaufens, die gemeinen Meister solcher Bezichtigung über= hoben sein würden, der gemeine Mann aber wissen würde, daß mit seinem Garn aufrecht und redlich gehandelt und des Lohns halben niemand beschwert werde. Auch mit der Hydra der Un= pünktlichkeit nahm man den Kampf auf, jedoch noch recht rücksichts= voll; denn man ließ dem Meister, wenn er die Zettel im Hause des Bauern geknüpft hatte, drei Monate Zeit bis zur Ablieferung der Leinwand.

Der Bauer aber sah eben doch den Störarbeiter, der ihm im Haus arbeitete, als einen Hungerleider an, den er durchfütterte: wenn in Rötteln=Sausenberg die Weber auf die Stör gingen, war ihnen nach altem Gebrauch geboten, ihre Weiber eine Meile Wegs von sich zu schaffen, damit selbige den Kunden nicht überlästig seien.

Alles paßte sich hier der Naturalwirtschaft der Landbevölkerung
an; aber es war auch möglich, solchen Landeszünften eine andre
Bedeutung zu leihen, indem man ihnen eine kaufmännische Spitze
gab. So tat es in den nächsten Jahren Herzog Friedrich von
Württemberg, der Neuerungslustige, indem er wie vorher die
Landeszunft der Wollenweber, so auch solche der Leineweber dekre-
tierte und sie mit Handlungskompanien in Verbindung setzte. Damit war dann die Überleitung der alten Heimarbeit zur Hausindustrie angebahnt. Diesen Schritt tat man in Baden nicht. —
So hatten denn freilich die Leineweber ihre Zünfte, aber der
städtische Handwerker rümpfte über diese bescheidenen Kollegen die
Nase und bei den Gesellen ertönte weit und breit das lustige
Neddlied:

„Die Leineweber haben eine saubere Zunft".

Die Fürsten kamen hier wie in Württemberg mit allen solchen
Bestimmungen jetzt längst der öffentlichen Meinung nur entgegen,
die sie ihnen fast als Verpflichtungen zuschob. Die berufenen
Organe derselben, die Landtage, drängten selber vorwärts. In
Baden-Baden hatten sie zugestimmt, in Baden-Durlach ergriffen
sie selbst die Initiative. So gab 1575 der Landtag von Badenweiler den Küfern und Weinstichern, dem wichtigsten Gewerbe dieser
weinbauenden Landschaft, auf ihr Ansuchen eine Zunftordnung, und
1588 folgte der Hachberger nach. Als der ständische Ausschuß
hier nach reiflicher Erwägung das Statut ausgearbeitet hatte,
schickte er es erst zur Abstimmung durch die Küfer in die Reborte.
Auch sind diese Satzungen, die auf Winzer und Weinhändler billige
Rücksicht nehmen mußten, weit verständiger als die engherzigen, nur
zum Vorteil des Handwerks erdachten einer Stadt wie Pforzheim.
Freilich wuchs auch mehr Wein am Kaiserstuhl und Blauen als
an der Enz.

So war alles vorbereitet für die zusammenfassende Ordnung,
die Georg Friedrich in seiner Gesetzgebung gab. Vierundzwanzig
Gewerbe sind in ihr im einzelnen aber nach durchgehenden Gesichts-
punkten mit Statuten versehen; das Ganze bildet ein System des
Gewerberechtes, wie es damals kein andrer Einzelstaat Deutschlands
in solcher Vollständigkeit besaß. Man würde doch irren, wenn
man in ihm nur eine Kapitulation vor dem engen Geist des
lokalen Zunftwesens sähe; überall zeigt sich vielmehr das Be-

streben, das Publikum zu schützen, ihm billige Preise zu sichern;
es verbindet sich aber mit dem gleichen Wunsch, jedem Meister sein
genügendes Auskommen zu schaffen. Und das war doch eigentlich
auch der Sinn der ganzen mittelalterlichen Preis= und Lohnpolitik
und der der theologischen Ethik, soweit sie sich um diese Dinge be=
kümmerte, gewesen: Das Streben nach dem justum pretium.
Dieses protestantische Kleinfürstentum, das so stark von religiösem
Pflichtgefühl beseelt ist, geht auch hier nur in den alten Bahnen.
Die Schau, überall mit Sachkenntnis durchgeführt, bleibt der Kon=
trolle der Staatsbeamten unterstellt, auch wo sie von Handwerks=
ausschüssen zunächst geübt wird. Die Festsetzung der Löhne, die
beim Überwiegen der Lohnhandwerker in den wichtigsten Stücken
eine Preisregulierung überhaupt bedeutet, geht von dem Grund=
satz aus, selbst im Preis der Waren nur den Arbeitslohn zuzu=
lassen. Auch war der Markgraf darauf bedacht, daß diese An=
ordnungen zur allgemeinen Kenntnis kämen: Jährlich sollten sie
in den Gemeinden vorgelesen und erläutert werden, damit sich
nicht etwa blos die Handwerker gegenüber den Unkundigen auf
sie beriefen.

Auch hätte es das starke Selbstbewußtsein dieses kleinen Staates
nicht zugelassen, den Handwerkern selber einen Anteil an der
Exekutivgewalt einzuräumen, wie sie ihn gern gegen Störer und
Stümper und Dorfhandwerker in Anspruch nahmen. Aber um so
mehr tritt doch auch die verhängnisvolle Schwäche hervor, die dem
erstarrten Zunftwesen eigen ist: mit allen Mitteln, besonders durch
Ausnützung von Vorschriften, die ursprünglich einen ganz andern
Sinn besaßen, will man die Gleichheit der Zunftgenossen erzwingen.
Wo sich Ansätze zum Großbetrieb vorfanden, werden sie schonungs=
los beseitigt; bei den meisten Gewerben wird die Anzahl derer,
die in einer Werkstatt beschäftigt werden dürfen, auf drei be=
schränkt. So wird überall auch der Einkauf eingeschränkt durch
das Einstandsrecht, und wo man irgendeinen Fürkauf witterte,
wo der Kaufmann Rohstoffe oder Gewerbswaren kauft, um sie
wieder zu verkaufen, sucht man ihn zu beseitigen.

Aus allen Erfahrungen, die man mit dem Handel gemacht
hatte — und man hatte doch im Wollhandel Proben genug ange=
stellt —, zieht man sich immer nur die eine unrichtige Lehre, daß
die Zwischenhand alle Waren verteuern müsse. So erscheint denn

in der Landesordnung durchweg jenes Ideal wieder, das trotz
einzelner Versuche mit einer kapitalistischen Betriebsweise unver=
rückt geblieben war: Der Handwerker soll unmittelbar seine Kunden
bedienen oder ihnen selbstverfertigte Waren verkaufen. Selbst auf den
Jahrmärkten, die ihren alten Wert behalten, Oasen eines freieren
Verkehrs zu sein, wird durch die Gleichheit der Verkaufsstände
dafür gesorgt, daß nicht einer dem andern zu weit vorauseile. Das
Hausieren aber, freilich die unterste Stufe des Handels aber doch
ein Geschäft, das Betriebsamkeit erfordert, weil es gilt, den Kunden
aufzusuchen, das Angebot zu machen, wird durchweg verboten.
Der Handwerker soll die Nachfrage abwarten. Auch die fremden
Hausierer trifft das Verbot. Nur wußten sie, die Unfaßbaren,
schließlich doch sich „einzuschleichen". Es hat nicht erst die Ver=
wirrung des Dreißigjährigen Krieges bedurft, um sie einzuführen:
dieses dürre, starre Zunftwesen selber rief nach einer Ergänzung.
Und die Landesordnung Georg Friedrichs selber legt hierfür un=
freiwillig Zeugnis ab: Sie ordnet einen besonderen, sechstägigen
Markt für die ausländischen Krämer in der Residenz Durlach an.
Wenn sie bei Hofe auslegen, heißt es hier, sollen sie auch die
Häuser der Räte und fürstlichen Diener besuchen. Auch dieser
sparsame, sittenstrenge Hof konnte eben den „welschen Jubilierer"
nicht ganz entbehren.

Im Vergleich zu den vielen Bestimmungen zugunsten der
Meister fällt die Dürftigkeit derer über Lehrlinge und Gesellen
auf. Gleich in der Einleitung werden die allgemeinen Be=
stimmungen der Reichspolizeiordnungen, die alles andre als
arbeiterfreundlich waren, wiederholt. Festsetzung der Lehrzeit
und der Meisterprüfung sind selbstverständlich, das meiste aber ist
den Lokalstatuten überlassen. Aber schließlich beruhte ja doch das
ganze ängstliche System der Beschränkungen auf dem Gedanken,
daß jeder Lehrling nach langer, ausgestandener Zeit auch einmal
dazu kommen sollte, Meister zu werden. Hierbei zeigt sich aller=
dings die Begünstigung der Söhne und Schwiegersöhne so naiv,
daß man offenbar gar kein Arges mehr dabei empfand.

So steht das Werk des Urenkels am Ende der Epoche, wie die
Ordnungen Christophs an ihrem Anfang. In ihnen malen sich die
beiden Männer, die für die Schicksale der Markgrafschaft die be=
deutendste Rolle spielen, aber noch mehr die Zeiten. An Ernst und

Gewissenhaftigkeit, auch an Kenntnis der tatsächlichen Verhältnisse mögen sie miteinander wetteifern; aber war im Laufe von fast anderthalb Jahrhunderten auch der Zustand friedlicher, die Bevölkerung dichter geworden, wie wenig gleichen die hoffnungsfreudigen Anfänge der ängstlichen Vorsicht am Ausgang. Nur eins ist gleichgeblieben: Die Beamtenfreude am Bevormunden der Volkswirtschaft; aber der Ausdruck, den sie gewinnt, ist grundverschieden. Diese Vereinigung von bureaukratischem und zünftlerischem Geist sollte auch die Verwüstungen des Dreißigjährigen Krieges überdauern. Sie hat gewiß damals zur Wiederaufrichtung des zerrütteten Bürgertums manchen guten Dienst getan; aber schöpferisch konnte sie nicht sein. Und wenn auch jene von anderen Absichten getragene Gesetzgebung Christophs nur eine rasch vorübergehende Episode gewesen war, so hat sie die Frische und Lebensfreudigkeit, das Vertrauen in die Regsamkeit des Gewerbes für sich. Sie wollte schaffen, wo die Enkel nur erhalten wollten.

C. F. Wintersche Buchdruckerei.

Zeitfracht Medien GmbH
Ferdinand-Jühlke-Straße 7
99095 Erfurt, Deutschland
produktsicherheit@kolibri360.de